体育康复保健课程
理论与实践

汪映川　郑国祥　主编

合肥工业大学出版社

图书在版编目(CIP)数据

体育康复保健课程理论与实践/汪映川,郑国祥主编. --合肥:合肥工业大学出版社,2025. -- ISBN 978-7-5650-6965-9

Ⅰ.G804.3

中国国家版本馆 CIP 数据核字第 2025UA7293 号

体育康复保健课程理论与实践

汪映川　郑国祥　主编　　　　　　责任编辑　郑　洁

出　版	合肥工业大学出版社	版　次	2025 年 6 月第 1 版
地　址	合肥市屯溪路 193 号	印　次	2025 年 6 月第 1 次印刷
邮　编	230009	开　本	787 毫米×1092 毫米　1/16
电　话	基础与职业教育出版中心:0551-62903120	印　张	12.25
	营销与储运管理中心:0551-62903198	字　数	260 千字
网　址	press.hfut.edu.cn	印　刷	安徽联众印刷有限公司
E-mail	hfutpress@163.com	发　行	全国新华书店

ISBN 978-7-5650-6965-9　　　　　　　　　　　　定价：42.00 元

如果有影响阅读的印装质量问题,请联系出版社营销与储运管理中心调换。

编 委 会

主　编　汪映川　郑国祥

副主编　付　蕾　程　亮

参　编（以姓氏拼音为序）

杜冬琴　时　平

徐　艳　殷　俊

张亚琼

前　言

　　残疾人在全球总人口中占比约 15%。在中华民族伟大复兴的征程中，8500 万残疾人，"一个也不能少"。习近平总书记强调："要弘扬人道主义精神，尊重和保障人权，完善残疾人社会保障制度和关爱服务体系，促进残疾人事业全面发展，支持和鼓励残疾人自强不息。"

　　本教材以习近平新时代中国特色社会主义思想为指导，深入贯彻党的二十大精神和党的十九届五中、六中全会精神，紧密围绕国家发展目标，如"健康中国""体育大国走向体育强国""将促进健康的理念融入公共政策制定实施的全过程"等，体现了高度的政治站位和时代责任感。遵循"贴近实际、贴近生活、贴近学生"的教学原则，在高校课内外一体化课程改革的大背景下，本教材得到了省级教改重点项目和重大项目的多方面支持。本教材编写团队由合肥工业大学体育教学的骨干教师组成，他们在学术和教学实践上具有丰富的经验，确保了教材的学术性和实用性。

　　本教材以正常上体育课有障碍的学生为研究对象，立足于学生身心的现实状况，旨在培养弱势群体学生的运动自信和自律能力，以体现教育公平和人文关怀。贯彻教育的主体性理念，从课程内容、教学方法、手段及评价等方面进行综合性探索和改革，具有很强的应用价值。本教材编写团队通过运用"互联网＋现代科技手段"，对多所高校近五年保健班学生的病因和病况进行统计，结合课外运动处方的设计、实施和监督，使本教材具有一定的创新性和教育应用价值。教材多个章节配有相关技术难点的动作图片，可以帮助学生快速理解并直观掌握，有助于学生增强体育参与意识、提升运动技能水平，进而养成良好的体育健身习惯和健康的行为方式，从而形成终身体育的意识和观念。

本教材可为高等学校体育保健课程的规范开设提供理论和实践支持，同时也为意外运动损伤的学生提供科学的理论和实践指导，具有广泛的适用性和实用性。

编　者

2024 年 12 月

目　录

第一章　体育康复保健课程概述

体育康复保健学是一门综合运用体育康复保健的理论知识、技术和技能，研究人体在日常生活与体育运动过程中康复保健措施及其规律的学科。它通过体育手段和方法，旨在增强体质、预防疾病、治疗伤病、提高健康水平，促进身体、心理、精神及社会适应能力的恢复和提升，从而改善生命质量。它涵盖了生物学、医学、心理学、营养学等多个领域，特别重视体育与医疗保健的学科交叉融合。体育康复保健学不仅具有理论性，也具有实践性，对于提升人们的运动健康水平、推动体育运动的发展具有重要意义。

从治疗到预防、从医学干预到运动干预，体育康复保健学利用体育的理论和方法，融合临床医学、康复医学、预防医学等学科的知识和技能，致力于解决人类的健康问题。它是实现"健康中国""体医融合"战略的重要工具，积极发挥体育保健在健康促进和慢性疾病预防等方面的有效作用。

第一节　体育康复保健的起源与发展

体育康复保健作为人类健康促进和健康维护的重要组成部分，其历史悠久、源远流长。在东方，传统体育养生的理念与体育康复保健的目的在很大程度上是一致的。例如，我国的健身气功和印度的瑜伽，它们通过不同的身体姿势和呼吸控制，旨在实现身体、呼吸和意识的和谐统一，从而达到增强体质、预防疾病和缓解疾病的效果。在西方，人们利用骑马、拳击、射箭、摔跤等运动来缓解身心不适的做法已有数千年的历史。"康复"作为医学领域的一个专业术语，是随着近代西方医学的传入而在我国逐渐确立的。然而，将体育保健措施广泛应用于人体康复，仅有半个多世纪的历史。

一、我国体育康复保健与养生的渊源

体育康复作为现代医学的重要组成部分，同时也是康复医学的主要治疗手段之一。它的历史渊源可以追溯至公元前几百年。人们在古希腊和古埃及出土的文物中，发现了使用运动手段治疗疾病的证据。在我国，医疗体育不仅是一种古老的疗法，而且是一种古法新用，它是在劳动人民生产、生活及与疾病斗争的实践中逐步发展起来的。

通过查阅传统文化史、医学史和体育史，追溯其根源，我们可以发现，人类利用体育运动来丰富生活、促进健康、防治疾病及陶冶情操已有数千年的历史。

（一）古典康复养生舞蹈

舞蹈伴随着人类的生存活动和生产活动发生、发展以至演进。根据功能和用途的不同，可将舞蹈分为"实用舞蹈"与"表演舞蹈"两大类。我国古典实用舞蹈有着悠久的历史，原始社会的"拟兽舞"一直流传至今。最初，劳动人民运用舞蹈运动治疗关节活动障碍，增强关节活动幅度。例如，在《吕氏春秋·古乐》中就有记载："民气郁阏而滞著，筋骨瑟缩不达，故作为舞以宣导之。"人的精气神和形体的统一是生命的根本，因而人的精血以流通为贵，精血一旦郁结，则百病由此而生，而舞蹈能宣导之。随着社会的不断发展，古代官方将严格的社会等级和礼仪规范寓于美妙的乐舞形式之中，以管理、教化臣民。而后，人类将日常行为规范和民俗礼仪融入音乐舞蹈之中，舞蹈艺术便成了生活的一部分，使人类从带有物质功利色彩的劳动走向了精神审美的高度。舞蹈慢慢演变为提供欣赏、祭祀和教化的重要工具。自周代开始，经过汉、两晋乃至唐代，宫廷设立了专门的舞蹈机构，如太常寺、教坊、梨园、宜春院等。这些机构不仅集中了大量技艺高超的乐舞伎人，还重视舞蹈技巧的培养和训练，并编排形成了宫廷舞。《云门》《大咸》《大韶》《大夏》《大濩》《大武》，统称为"六代乐舞"，是当时宫廷最具权威性的祭祀礼乐。"六代乐舞"的编排，一是为皇家贵族提供精神娱乐；二是用于国家祭祀庆典活动。其中前四代乐舞主要表现因禅让得天下，故称文舞，表演者手持乐器与雉鸡尾羽；后两代乐舞主要表现靠武力夺天下，故称武舞，表演者手持干戚（即盾和斧）。

20世纪50年代，舞蹈工作者开始对中国古典舞进行整理和复现等工作，编写了中国古典舞教材，并创编了一大批具有中国古典舞蹈风格的舞蹈和舞剧作品，具有情景交融、刚柔相济、细腻圆润、技艺结合，以及精、气、神和手、眼、身、法、步完美协调与高度统一的美学特色。这些舞蹈具有抒发情感、表达意境、舒筋活血、健身美体的功效。

（二）清静调神——养生之术

"养生"一词最早见于《庄子·内篇》。养生，又称摄生、道生、保生等。养，即保养、调养、培养、补养、护养之意；生，即生命、生存、生长之意。《黄帝内经·素问·上古天真论》中也提道："余闻上古有真人者，提挈天地，把握阴阳，呼吸精气，独立守神，肌肉若一，故能寿敝天地，无有终时。"我国乃至东方文化的传统精神崇尚"中"和"通"，这两者被视为自然及生命过程的最佳状态。中国人坚持不懈地追求神、气、形的贯通与和谐。和能生神，和能生气，和能生形。生命运动的和谐即健康，生命运动的失和即疾病。

《道德经》中说"至虚极，守静笃"；《庄子》中提到"忘我"与"天成"之境；《黄帝内经》中亦有"恬淡虚无，真气存之"。这些经典著作都强调了调神之法在于松、静、虚、空。调神的最高境界在于以精化气、以气化神、以神归虚、以虚归无。

我国传统养生医学强调排除杂念、专注放松。这不仅能使肌肉放松，而且可以使大脑皮层的冲动减少，使人体处于一种"松弛反应状态"，从而使人体中枢介质和内分泌发生积极变化，有效预防疾病、增强体质。

（三）吐故纳新——调气保健之术

《黄帝内经》中提到"呼吸精气，独立守神"，强调了呼吸与精神集中的重要性。著名医学家陶弘景在其著作《养性延命录》中，非常重视服气、导引等传统保健方法，并总结了前人多种调息法，包括自然呼吸法、自然腹式呼吸法、深呼吸法、反自然呼吸法、顿挫呼吸法、分次呼吸法、意达呼吸法，以及六字诀、四字诀呼吸法等。宋代的《圣济总录》充分肯定了气功、导引及按摩的康复作用，并指出练功之术已臻成熟和具体化，易于学习和掌握。例如，宋代的呼吸法沿任督二脉进行，具体做法：端坐凳上，两腿自然分开，与肩同宽，脚尖微向内，手指交叉，掌心向上，置于脐下丹田处，二目平视，眼睑下垂，留一线之光，闭口，舌舔上腭，全身放松，精神集中，调整呼吸，均匀深长，吸气沿督脉上行，呼气顺任脉下行；每天早晨练习一次，每次十几分钟；静意轻守，会意气聚，任其缓行，不可强求。

清代汪昂在《勿药元诠》中提出了调息法："调息之法，不拘时候，随便而坐，平直其身，纵任其体，不倚不曲，解衣缓带腰带不宽，则上下气不流通，务令调适，口中舌搅数遍，微微呵出浊气不得有声，鼻中微微纳之，或三五遍，或一二遍，有津咽下，叩齿数通，舌舔上腭，唇齿相着，两目垂帘，令胧胧然……摄心在数，勿令散乱，如心息相依，杂念不生，则止勿数，任其自然，坐久愈妙"。

传统医学认为人体的正气为健康之本，通过主动观息、调息、控息的方法吸纳正气、排除浊气，可增强人体抵抗病邪、维持健康的能力。

（四）导引运动——调形康复保健的法宝

"流水不腐，户枢不蠹"和"导气令和，引体令柔"是中国古代运动康复保健的认知基础，对导引运动的推广起到了积极作用。"导引"一词最早出现在《庄子·刻意》中，其中"吹呴呼吸，吐故纳新，熊经鸟申，为寿而已矣"描述了肢体运动，强调了运动过程中身体、呼吸和意识三者的结合。

20 世纪 70 年代，在长沙马王堆汉墓出土的文物中发现了绘有导引图的帛画。原图用多种颜色描绘了 44 个不同年龄和性别的人物，穿着不同服装，进行着仰身鸣叫、扩张胸部、双手后举的呼吸运动，以及屈膝、转体、伸展、跳跃等肢体运动，还有使用棍棒、沙袋和球类进行的器械运动。这是迄今为止我国考古发现的最古老的一幅古代健身图谱。此外，中医重要著作如《黄帝内经》《千金方》《外台秘要》等都记载了丰富的医疗体育方法。

五禽戏之名始见于《后汉书·华佗传》，书中不仅提出了五禽戏之名，还记录了五禽戏的来源和作用。其常应用于外伤关节功能障碍、慢性关节疾病、慢性腰腿痛等康复治疗。

八段锦的记载最早出现于南宋洪迈的《夷坚志》。清末《新出保身图说·八段锦》记录了立式八段锦较为完整的套路形式。八段锦动作柔和、动静结合、神形兼备，具有梳理三焦、调理脾胃、调和心肺、补肾固腰、祛病健身的功效。

大医学家华佗指出："人体欲得劳动"，"动摇则谷气得消，血脉流通，病不得生"。中华传统武术不仅能观赏，还能调精神、理脏腑、改善人体机能、强健体魄。宋代武术脱离军事武艺，形成了拳、棒、刀、剑等独立的健身和表演套路。到了元、明、清时期，少林武术进一步发展，内练精气神、外练筋骨皮，成为一种强身祛病的养生方法。

北宋张三丰创立了内家拳。到了明代后期，河南温县陈家沟陈王庭创编了太极拳。太极拳融合古代养生修炼术、阴阳学说和经络学说而成，动作柔和缓慢、协调连贯，以其流通气血、协调脏腑、活动筋骨、强健关节的功效，广泛应用于健身防病，深受人们喜爱。

针刺、艾灸、按摩、拔罐等是我国传统的康复治疗方法，主要应用于腰肌劳损、急性扭伤、关节炎、肥胖症等疾病的康复治疗。

我国传统康复保健思想形成了重人贵生、天人合一、形神相依、众术合修等系列理论，为现代人的健康生活提供了宝贵指导。

二、国际体育康复保健学发展史

大约在公元前 300 年，印度圣哲帕坦伽利创作了《瑜伽经》，将瑜伽练习分为八支：禁制（持戒）、劝制（精进或遵行）、体式（体位或坐位）、调息（呼吸）、制感（摄心）、专注（执持或凝念）、冥想（静虑或禅定）、三摩地（等持或三昧）。这些分支既能单独练习，又能相互影响、相互促进，帮助人们从身体到精神的整体养生、康复及保健，为瑜伽科学的传承发展奠定了理论基础。

古罗马时期最著名的医学家克劳迪亚斯·盖伦，被认为是仅次于希波克拉底的医学权威。他的代表著作包括《论解剖过程》和《论身体各部器官功能》。他在被聘任为角斗士学校的外科医生期间，通过治疗受伤的角斗士获得了创伤外科治疗和康复营养方面的丰富实践经验，并将解剖学知识与人体康复实践相结合。

第二次世界大战期间，被誉为"康复之父"的霍华德·A·腊斯克，在物理医学的基础上采用多学科综合康复模式，如物理治疗、心理治疗、作业治疗、语言治疗、假肢、矫形支具装配等，大大改善了康复效果。第二次世界大战结束后，他大力推广康复医学，将战伤康复的经验运用于和平时期。

19 世纪，法国神经学家吉劳勒·本杰明·道享于 1866 年出版了经典著作《运动生理学》，极大地影响了体育科学的发展，为体育康复学奠定了理论基础。

20 世纪 20 年代初，专门的体育医疗组织相继在欧洲的瑞士、德国出现。国际运动医学联合会（FIMS）于 1928 年正式成立。

第一个社会主义国家——苏联于 1925 年出版了第一本医疗体育参考书《苏联疗养地的体育》。随着苏联人民保健事业的发展，医疗体育方法首先在工矿医院和疗养院广泛开展起来，并与苏联体育科学在全国的发展密切相关。

医疗卫生、文化教育、体育事业的发展，为医疗卫生与体育运动的结合创造了良好的条件。运动生理、解剖等基础研究与运动伤病的防治等应用研究相互促进，产生了更精细的不同专业，形成了运动保健学、运动康复学，构筑了"运动医学"的基本框架，并逐渐被纳入体育院校和医学院校的课程。

三、现代体育康复保健学的发展

物理治疗（Physical Therapy，PT）是一种康复治疗手段，它通过功能训练、物理因子、手法治疗等方法来维持人体健康，预防和治疗疾病，恢复、改善或重建机体功能。

随着经济的发展和科技的进步，人们生活水平不断提高，身体消耗逐渐减少。然而，工业化、城镇化、人口老龄化及生态环境的恶化等多重因素，使得慢性非传染性疾病成为影响人类健康的主要问题。面对战争、交通意外、体育竞赛和运动损伤后遗症等问题，体育康复保健作为一种积极、高效、持久的干预手段，在预防和治疗中发挥着重要作用。在体育运动与医疗结合的过程中，应根据不同环境、不同人群、不同的身体状况，探寻最适宜的体育运动形式，制定和实施科学的防治措施和康复方法，建立体医结合的健康服务模式。

1951 年，世界物理治疗联盟（World Confederation for Physical Therapy，WCPT）成立，现有 125 个成员组织，包括 60 多万名物理治疗师，是国际物理治疗行业的代表性机构。

现代体育康复保健在中国的发展仅有三四十年的历史。中国康复医学会成立于 1983 年。随着现代医疗技术的发展，功能性训练和器械治疗等康复手段的应用，治疗效果变得更加显著。

2004 年，教育部同意将"运动康复与健康"专业作为目录外专业在高等院校试点开设。2012 年，《普通高等学校本科专业目录（2012 年）》将"运动康复"定为特设专业。

2016 年，中共中央、国务院印发的《"健康中国 2030"规划纲要》提出了"运动处方库"和"体医结合的疾病管理与健康服务模式"，体现了全方位健康干预在提高全民身体素质和健康水平中的重要作用。

第二节 长期制动对机体的影响

制动是指对人体局部或全身进行固定或限制活动的一种措施。制动的形式包括局部固定、长期卧床及肢体瘫痪。制动的主要目的是降低组织器官的能量消耗和代谢需求，从而有助于保护受损组织器官的修复。然而，长期制动可能会给人体带来一些负面影响。例如，它可能会增加和加重功能障碍，甚至在某些情况下，其后果可能比原发病的影响更为严重。长期制动还可能影响人体的多个系统功能，包括但不限于肌肉萎缩、骨密度下降、血液循环减缓、心肺功能减弱等。

因此，在实施制动措施时，需要权衡其短期保护作用与长期可能带来的功能障碍风险。医疗专业人员应根据患者的具体情况制定合理的制动方案，并适时调整，以最大限度地减少制动带来的负面影响。

一、对运动系统的影响

（一）对肌肉的影响

长期制动状态下，肌肉由于无法得到有效的舒缩活动，肌细胞内的肌纤维可能会发生松弛甚至溶解，导致肌纤维数量减少，进而导致肌肉量减少。这种肌肉萎缩和失用性肌力下降对肌肉功能有显著影响。在完全卧床休息的情况下，肌力可能会每周减少 5%～10%。若卧床休息持续 3～5 周，肌力可能减少至原来的 50%。

制动还会导致肌纤维间的结缔组织增生，非收缩成分相应增加。当肌肉长时间维持在缩短状态下，如 5～7 天，肌纤维可能会变短，这通常是由于肌原纤维的缩短造成的。如果制动状态持续超过 3 周，肌肉和关节周围的疏松结缔组织可能会逐渐变为致密结缔组织，增加关节挛缩的风险。

（二）对骨骼的影响

长期卧床制动可能会引发骨钙流失和骨质疏松。这种情况通常是由于缺乏肌腱的正常牵拉和重力对骨质的负荷作用，加上内分泌和代谢的变化，导致骨质中的钙和羟基脯氨酸排泄增加。这些因素共同作用，可能会导致关节僵硬、滑膜粘连及纤维组织异常增生，进而影响韧带的力学性能，对整个骨关节系统产生不良影响。

具体来说，长期卧床状态下，骨骼由于缺少正常的力学刺激，会经历重塑过程的改变，这可能导致骨密度下降；同时，关节的僵硬和滑膜的粘连可能会限制关节的正常活动范围，而纤维组织的增生可能会进一步限制关节的灵活性。韧带力学特性的破坏可能会减弱关节的稳定性，增加受伤的风险。

二、对循环系统的影响

（一）血容量降低

长期卧床可能会导致心血管系统和血液系统一系列的变化。首先，由于缺乏足够的身体活动，脉搏和心输出量可能会减少；同时，自主神经功能可能发生失调，导致基础心率增加。人体在卧位时，中心血容量和右心负荷增加，这可能会刺激心房压力感受器，进而影响心脏功能。

在血液系统方面，长期卧床的患者可能会出现血小板聚集、动脉血流速度降低、下肢血流阻力增加及血液黏滞度增高等现象。这些变化增加了静脉血栓形成的风险。静脉血栓可能会引发一系列症状，如肢体肿胀、局部麻木、四肢冰冷、面色苍白等。

（二）直立性低血压

直立性低血压是一种常见的症状，通常发生在患者从卧位或坐位突然站立时。如果患者长期保持静止状态，其血压可能会明显下降，从而导致直立性低血压。这种情况可能会引发一系列相关症状，如心慌、头晕和恶心。在严重的情况下，直立性低血压甚至可能导致晕厥。

直立性低血压的发生机制主要与血液在身体内的重新分布有关。当患者从卧位或坐位突然站立时，血液由于重力作用倾向于流向下肢，导致上半身尤其是脑部的血液供应不足。此外，长期制动可能影响血管的自主调节能力，减弱了血管对血压变化的适应性，从而更容易引发血压下降。

（三）静脉血栓形成

长期制动后，由于人体活动受限，血容量可能会减少，同时血液的黏稠度可能会明显增加。这种血液黏稠度的增加，加上静脉和动脉血流速度的减缓，可能会导致血液在血管内滞留，从而增加形成静脉血栓的风险。静脉血栓形成后，患者可能会出现四肢苍白、冰冷、麻木等症状。如果血栓阻塞了血流，情况严重时可能会导致肢体缺血，甚至引发肢体坏死或肢体溃疡等严重并发症。

因此，对于长期制动的患者，医疗专业人员应密切监测其血液循环状况，并采取相应的预防措施，如定期改变体位、使用抗凝药物、穿戴压力袜等，以降低静脉血栓形成的风险。同时，对于已经出现症状的患者，医疗专业人员应及时进行诊断和治疗，以避免并发症的发生。

（四）心肺功能衰减

长期卧床休息可能会导致人体心肺功能衰减。这种情况可能与以下几个因素有关。

（1）血容量降低：长期卧床可能导致血容量减少，这会影响心室的充盈量。

（2）静脉顺应性增加：下肢静脉的顺应性增加可能会减少血液回流至心脏，进而降低心室充盈量。

（3）肌肉萎缩：肌肉萎缩会减弱肌肉泵的作用，肌肉收缩会影响血液回流心脏。

（4）每搏量减少：由于心室充盈量下降，心脏每次跳动时泵出的血液量（每搏量）也会减少。

此外，卧床还可能影响红细胞中酶的活性，降低红细胞携带和利用氧气的效率。这些因素综合起来，可能会导致心脏的泵血功能减弱。

三、对呼吸系统的影响

长期卧床可能导致呼吸肌肌力下降，胸廓的外部和内部阻力增加，影响胸廓的正常扩张，使肺的顺应性降低、肺活量减小。膈肌的运动受限，减少了呼吸深度，可能导致呼吸道分泌物积聚、不易排出，增加了呼吸道感染的风险。

四、对消化系统的影响

长期卧床和疾病对患者的精神情绪有负面影响，可能导致胃液分泌减少，胃内食物排空速度减缓，使患者食欲下降，进而影响蛋白质和碳水化合物的吸收，可能引起低蛋白血症。胃肠蠕动减弱，食物残渣在肠道内停留时间过长，可能导致便秘。

五、对泌尿系统的影响

卧床时抗利尿激素分泌可能减少，导致排尿增多，尿中钾、钠、氯的排出量增加；同时，钙质可能从骨骼转移到血液中，引起高钙血症。而血液中多余的钙通过肾脏排泄，可能导致高尿钙症。卧位时腹压减小，不利于患者膀胱完全排空，增加了尿路结石的风险。瘫痪患者频繁导尿，增加了泌尿系统感染的概率，结石可能降低抗生素的治疗效果，导致泌尿系统感染反复发作。

六、对代谢系统的影响

长期卧床可能导致代谢和内分泌障碍，引发肌肉骨骼和心血管系统并发症。当心血管功能开始恢复时，代谢和内分泌的变化才得以显现，如负氮平衡、内分泌失调、水电解质紊乱等。

七、对皮肤的影响

长期制动可能导致皮肤及其附属结构萎缩，容易发生压疮。皮下组织和皮肤的坚韧性降低，食欲缺乏和营养不良会加剧皮下脂肪减少和皮肤角化。不良的皮肤卫生可能导致细菌、真菌感染和甲沟炎。大面积压疮可能导致血清蛋白质，尤其是白蛋白的减少，降低组织渗透压，加速液体向细胞间隙渗出，引起下肢皮肤水肿。

八、对情志的影响

长期制动可能导致感觉剥夺和心理的社会剥夺感。感觉输入减少可能引起感觉异常和痛阈降低。社会隔离，加上原发疾病和外伤的痛苦，可能导致患者焦虑、抑郁、情绪不稳和神经质，或出现感情淡漠、退缩、易怒、攻击行为等。在严重的情况下，患者可能出现异样的触觉、运动觉，幻视和幻听；认知能力下降，影响判断力、解决问题的能力、学习能力、记忆力、协调能力、精神运动能力和警觉性。

综合上述影响，长期制动对人体造成的负面影响是多方面的，包括肌肉萎缩、骨密度下降、血液循环减缓、心肺功能减退、呼吸道感染、消化系统功能障碍、泌尿系统问题、代谢和内分泌紊乱、皮肤问题及情绪影响等。这些影响可能严重妨碍患者的整体健康和生活质量。运动康复保健是一种重要的干预手段，它依赖于身体的自我修复能力，并通过科学的训练和治疗方法促进受伤部位的愈合和康复。运动康复训练在推动身体康复的过程中会采取以下措施。

（1）刺激神经肌肉系统：通过特定的训练活动，刺激神经肌肉系统，增强肌肉力量和耐力。

（2）心血管系统适应性：通过有氧运动等训练，提高患者心血管系统的适应能力和耐力。

（3）适应性训练：根据患者的具体情况，调整训练的频次、强度和持续时间，促使身体适应这些变化。

（4）神经系统的改善：通过训练刺激和重新组织神经系统，改善患者的运动功能。

（5）提高身体适应能力：通过适应性反应的过程，提升患者身体对各种生理和活动需求的适应能力。

此外，运动康复训练还包括疼痛管理、肌肉平衡、功能恢复和预防再次受伤等重要方面。这些综合措施有助于患者逐步恢复身体功能，减少长期制动带来的负面影响，提升生活质量。

第三节　体育康复保健课程的功能与意义

一、体育康复保健学的基础与内容

体育康复保健学基于对人体机能活动基本规律的理解，掌握不同健康状况人群的解剖、生理特点，并研究体育运动对这些机能和身体素质的影响。该学科不仅包括运动人体科学的领域，还融合了预防医学、临床医学、康复医学的知识和技能。其具体内容包括体育卫生、医务监督、运动损伤处理、保健按摩等。体育卫生关注运动与环境卫生、运动与营养卫生及不同人群的体育卫生需求。医务监督涵盖体育教学、运动训练和比赛期间的监督，以及运动性疲劳的产生机制和恢复方法。运动损伤处理包括急救、预防、处置及运动性病症的预防和处理。保健按摩则包括按摩手法、自我保健方法和按摩手法的实际应用。运动康复专注于常见慢性病的运动疗法、运动处方和传统健康养生方法。

二、体育康复保健的特点

（一）功能疗法

运动康复保健通过锻炼改善循环系统、呼吸系统和肌肉关节活动能力，恢复衰退功能，补偿器官功能缺陷，替代药物治疗。

（二）主动疗法

要求患者主动参与治疗过程，自我治疗疾病，激发积极性，促进身体康复。

（三）全身疗法

体育康复通过神经反射和神经机制调节，改善全身机能，增强体质，提高抵抗力。

（四）自然疗法

利用自然运动作为治疗手段，无时间和地点限制，无副作用。

三、体育康复保健课程的功能

体育康复保健课程旨在通过符合个体生理状况的体育运动形式，科学指导学生参与体育锻炼，增进健康、增强体质、防治运动损伤和提升运动能力。该课程不仅关注特殊群体学生的身心健康，还与其日常生活紧密相关。

（一）改善学生身体素质，增强适应能力

为特殊群体学生提供体育康复保健课程，保障其体育锻炼和身体健康发展的权利。通过科学的体育锻炼和康复方法，改善其身体柔韧性、力量、速度、耐力和平衡能力，提高其身体抵抗力和适应能力。

（二）预防和治疗伤病，提升学生生活质量

为因生理、意外或疾病导致功能受限的学生提供运动疗法，恢复和改善肢体功能，增强内脏器官功能，预防并发症，缩短康复时间。

（三）调节学生情绪，保持良好心态

适度的康复保健运动有助于改善人际关系，提升自我效能感，促进内分泌变化，产生愉悦状态，缓解压力，调节情绪，改善睡眠质量，提高心理健康水平。对于患有心理疾病

的学生，适宜的体育锻炼和康复训练可起到辅助治疗的作用。

四、体育康复保健课程的价值与意义

体育康复保健课程旨在实现适应性体育教育的目标，以运动生理学、运动解剖学、康复学、心理学等运动人体科学为基础，并融合东方传统养生方法与近现代西方体育疗法作为康复手段。

（一）体育康复保健课程的重点

该课程面向普通高等学校在校大学生，研究不同运动形式与环境对大学生的影响，以及大学生对体育运动的反应和适应性。课程旨在探索与大学生生理状况相匹配的体育运动形式，并通过医务监督和指导，教授运动损伤预防、急救、运动性疾病预防和处置等知识，以减少体育运动中的伤害事故和不适症状，增进健康，增强体质，提高运动能力。

（二）特殊群体学生的体育康复保健

课程针对特殊群体学生的身体和心理特点，安排适宜的体育保健与康复活动。通过正确的体育康复保健方法，引导学生进行适应性体育锻炼，恢复其机体功能，减轻伤害和痛苦，保障健康，提升运动能力。

（三）体育保健课程学习与实践的效果

通过体育保健课程的学习与实践，不仅可以增强人体虚弱的身体功能，还能在一定程度上弥补身体机能的缺陷。运动康复有助于恢复和提升身体功能，增强体质，提高对疾病的抵抗力，这是药物治疗所无法替代的。学生通过主动参与运动，利用自己的意志和身体活动进行治疗，有助于激发积极性、增强自信心、克服消极态度，促进健康的恢复。

此外，体育保健课程鼓励学生根据自身健康状况制定科学的运动处方，培养学生自我体育康复保健的能力和习惯。

第二章　体育康复保健课程医务监督

　　体育保健班的学生构成了一个特殊群体。通过运动医务监督，运用医学知识和方法对他们的身体机能进行监护，预防锻炼中的有害因素对其身体造成伤害，减少运动伤病的复发，并协助他们进行科学的锻炼和训练，确保体育教学的顺利进行。

第一节　运动医务监督

一、运动医务监督概述

　　运动医务监督是一种在体育运动中广泛应用的保健方法。作为运动医学的重要组成部分，它运用医学知识和方法对参与者的健康和身体机能进行监护，预防锻炼中的有害因素对身体造成伤害，并指导和协助进行科学的锻炼和训练。运动医务监督的内容包括对参与者进行全面的身体检查和观察，并评估其发育水平、训练水平及健康状况。

　　运动医务监督不仅能促进体育锻炼者的身体发育和健康，提高运动技术水平，还能培养科学的体育锻炼方法和良好的卫生习惯，遵循体育锻炼的卫生原则，减少运动伤病的发生，保证体育教学的顺利进行。

二、康复医学的兴起与发展

　　康复医学是一门20世纪中期诞生的新兴学科，是医学与残疾学、心理学、社会学、工程学等学科相互交叉而形成的边缘学科。其任务是研究疾病和功能障碍的预防、诊断、评估、治疗和处理的理论与技术，以帮助残疾人和伤病患者尽量恢复或发展生理、心理、职业和社会生活方面的潜能，改善其生活质量，促进其融入社会。

　　为了适应时代发展，我国政府高度重视康复医学事业的发展，国务院和有关部委领导多次作出指示，并制定颁布了相关法规和规划。1987年1月，卫生部（现国家卫生健康委员会，简称卫健委）负责人在全国卫生厅局长会议上强调，在建设中国特色社会主义卫生事业过程中，康复医学应与预防、医疗、保健等协调发展。1990年2月，卫生部再次指出，我国在宣传康复医学知识、培养康复医学人才、建立康复医疗机构、进行社区康复试点、创办康复医学学术团体、开展康复医学和康复工程学研究及国内外学术交流等方面取得了一定成就，积累了宝贵经验。

根据国家统计局发布的数据，截至2023年底，中国残疾人总人数为8591.4万人，占总人口的6.16％。其中，视力残疾人数最多，为2856.5万人，占33％；听力残疾人数为2173.2万人，占25％；肢体残疾人数为1735.5万人，占20％；智力残疾人数为1449.9万人，占17％；精神残疾人数为376.3万人，占4％；多重残疾人数为0.9万人，占1％（图2-1）。

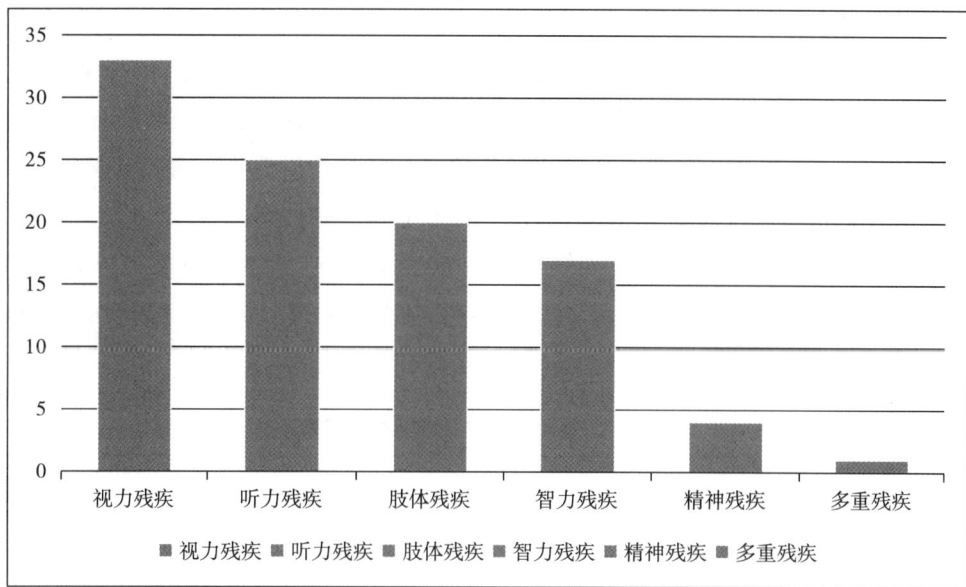

图2-1 我国残疾人比例图

针对当前严峻的社会问题，如人口老龄化、先天残疾人口基数大、意外损伤和致残人口增加等，政府以人民健康为中心、以社会需求为导向，健全完善康复医疗服务体系，加强康复医疗专业队伍建设，提高康复医疗服务能力，推进康复医疗领域改革创新，推动康复医疗服务高质量发展。国家卫健委等多个部门于2021年6月发布的《关于加快推进康复医疗工作发展的意见》提出，到2025年，每10万人口康复医师达到8人、康复治疗师达到12人。

康复医疗服务能力稳步提升，服务方式更加多元，康复医疗服务领域不断拓展，人民群众享有全方位、全周期的康复医疗服务。康复医学是运动医务监督的重要内容，而运动康复是康复医学的重要手段之一。自世界卫生组织提出"应提倡主动训练技术和身体素质训练"以来，运动康复在国内外均得到了应有的重视。

运动康复的基本原理和应用：运动康复是一种根据伤病的特点，采取体育运动手段或机体功能练习的方法，以达到预防、治疗伤病及促进康复的目的。一般体育运动主要针对健康人群，旨在增强体质和提高运动技能；而运动康复则必须根据疾病特点和患者体质状况，选用相应的运动方法，安排适宜的运动量来治疗疾病和创伤。

在各种疾病经过急性阶段进入康复期后，体育康复是一种行之有效的手段，有助于缩短康复期，尽快恢复机体正常功能。

三、保健班医务监督

（一）学生入选保健班的程序

因病或身体条件不宜参加体育必修课程的学生，须持三级乙等以上医院诊断证明，经体育任课教师批准，报体育部审核备案，可参加保健班运动项目的学习。每学期开学第一周，任课教师须向所带班级学生说明保健班申请条件及操作流程。第三周开始正常上课，任课教师进行点名，核实上课学生，如无特殊情况，开课 6 周后将不再接收保健班学生。学生因身体原因需进入保健班学习，应在开学后第 1～2 周提交保健班申请表（表 2-1）；申请表经由所在学院主管教学副院长签字、加盖学院公章后，再由医院签字盖章，交给大学体育任课教师后，学生可转入保健班上课。该申请有效期为一学期，之后仍需在保健班学习的，应重新办理。

表 2-1　大学学生体育保健课申请表

学号		姓名	
学院		专业班级	
原因			
医院证明 （盖章）		签名：　　年　月　日	
学院意见 （盖章）		签名：　　年　月　日	
体育部负责人意见		签名：　　年　月　日	
备注			

（二）符合保健班条件

凡身体发育不良或健康状况明显异常者，无法跟上正常体育教学的，均可加入保健班。

（1）第一类为身体发育不良或有残疾，不能从事正常体育活动者。

（2）第二类为姿势异常，主要是脊柱侧弯、扁平足等，不能从事正常体育活动者。

（3）心脏异常者。常见的心脏异常征象是心脏杂音。对心脏杂音应区分是病理性还是生理性杂音，以便确定组别。由心脏器质性病变产生的病理性杂音，如果功能试验结果正常，且平时极少运动者，经过一段时间的锻炼后，可根据临床征象，考虑是否转出保健班。功能试验结果异常者，可申请上保健班。

（4）血压增高者。对血压增高的人，特别是青少年，首先要分析其是否受精神因素的影响，其次从病史中找原因。血压增高有继发性和原发性两种。继发性血压增高是伴随原发性疾病而产生的血压增高，分组时要考虑原有疾病的程度，一般考虑入保健班。以下两种情况的学生建议进入保健班：原发性高血压至今病因不明，多认为是由于长期紧张所致，但心脏无明显的病理改变，无自觉不良症状或症状轻微者；血压增高且心脏有病理变化，过去很少运动的功能试验异常者。

（5）肺结核患者。对肺结核患者，除考虑病变的类型和现有体征外，还需了解机体的代偿功能水平。因为同一类型的病变，由于各人的体质不同，可能表现为不同水平的代偿功能，可从功能试验的结果和自我感觉两个方面来评价其代偿功能的好坏。以下几类学生均需加入保健班：原为浸润性肺结核，经治疗后转入局灶型不久且过去很少运动者；浸润性肺结核患者；病变范围较大、虽已硬结但无自觉症状者；结核性胸膜炎病愈不久者。

（6）风湿性关节炎患者。运动后关节疼痛或肿胀者；关节虽无改变，但运动后或阴雨天均有疼痛者，可暂时上保健班。

（7）受伤患者。学生因受伤、生病或体质虚弱，无法进行正常体育活动时，可加入保健班。

第二节　体育教学过程中的医务监督

体育教学的医务监督是运用体育保健学的内容和方法，帮助和指导保健班学生合理地进行体育锻炼，以促进其身体发育、增进健康、预防运动性伤病。通过定期或有针对性的医学观察，了解学生的适应情况，评定体育教学课的运动量和运动强度安排是否合理，以及运动负荷对学生躯体的影响程度。这些观察和测定可以为合理安排运动量、改进保健班体育教学工作提供依据。医务监督是保证学校体育健康发展的重要措施，其目的是在体育活动过程中采取必要措施，消除或控制有害健康的因素。通过保健课的医学观察，可以了解学生的健康状况和机体对运动负荷及运动强度的反应，评定其运动负荷是否适宜，了解体育课的组织方法是否合理，运动环境和场地设备是否符合卫生要求。总之，进行医学监督的目的在于改进体育教学工作，提高教学质量，使体育锻炼能达到最佳效果。

一、自我监督

自我监督是体育运动参与者在锻炼过程中运用简单的医学方法对自己的健康状况和身体功能状况进行观察的一种方法。它是全面身体检查的补充，要求个人在锻炼中观察身体的反应，并根据这些反应对锻炼的量和方式做必要的调整。

医疗体育的运动量大致分为三级，慢性病患者可以根据运动后脉搏频率的变化来评定运动量。正常成人脉搏频率约为每分钟 60～80 次，而在大运动量练习后，脉搏可达每分钟 120～140 次；中等运动量后，可达每分钟 90～110 次；小运动量后，脉搏数基本上无改变或每分钟增加不到 10 次。医疗体育多采用中等运动量和小运动量。如果在锻炼后出现发热、失眠、体重持续下降、明显疲劳、病情恶化、局部显著疼痛或浮肿等情况，可能是运动量过大或锻炼方法不当，应暂停锻炼，及时就医或咨询有经验的体育教师，找出原因并纠正后再继续锻炼。

自我监督的重要性在于观察医疗体育对身体的作用，及时发现问题，纠正偏差，保证学生科学地进行锻炼。保健班的学生在运动锻炼过程中，通过自我监督了解身体异常变化、锻炼内容的合理性、运动方法的正确性、运动量的适当性，以及身体健康状况和功能水平的变化。这对预防伤病复发具有积极意义。经常进行自我监督，还能帮助个体了解自身健康状况，促进良好个人卫生习惯的养成。

二、主观感觉疲劳等级

主观感觉疲劳等级（RPE）是对运动中机体适应能力、外界环境影响、身体疲劳情况等的自我感觉评估。它是监测个体对运动负荷适应能力的一个有价值、可靠性较强的指标。1970 年，瑞典生理学家 Borg 首次提出这一概念，并制定了相应的分级标准，为个体化运动处方的制定提供了重要参考（表 2-2）。

表 2-2　主观疲劳感觉与运动强度的关系

等级	主观疲劳感觉	体力活动强度分级	VO$_2$R/%
6～7	毫不费力	低	<30
8～9	非常轻松	低	<20
10～11	很轻松或轻松	较低	20～39

（续表）

等级	主观疲劳感觉	体力活动强度分级	VO$_2$R/%
12～13	有些吃力	中等	40～59
14～16	吃力	较大	60～84
17～18	很吃力	大	84～89
19	非常吃力	次大	90～99
20	力竭状态	最大	100

（一）主观感觉的具体内容

自我监督的主观感觉主要包括精神状态、运动情绪、不适感、睡眠、食欲和排汗量等。

1. 精神状态

经常参加运动的人通常精神饱满、心情愉快；但过度训练或患病时，可能会出现精神不振、身体倦怠和情绪异常。在自我监督记录中，应客观地评价自己的精神状态，并将其分类为"良好""一般""不佳"。

2. 运动情绪

锻炼前心情愉快、适度兴奋、有参加运动的愿望是心理健康的表现。相反，情绪波动或其他干扰因素会导致对运动缺乏兴趣，可能是教学方法或运动量安排不当，或身体状态不佳的早期信号。

3. 不适感

运动后，体内生化代谢产物的积累可能导致肌肉酸胀、乏力或关节疼痛等疲劳症状。若这些症状在充分休息和营养补充后仍持续，或伴有心慌、头晕等更严重的症状，就可能是过度疲劳或锻炼安排不当的信号。

4. 睡眠

良好的睡眠对消除运动疲劳至关重要。失眠或睡眠质量差可能是运动量不适应的早期反应。

5. 食欲

经常参加体育运动的学生通常食欲较好，而食欲下降可能与疲劳、健康状况不佳或不良饮食习惯有关。

6. 排汗量

排汗量受运动强度、环境因素和个人体质等影响。异常的大量排汗或夜间盗汗可能是健康状况不佳的信号。

（二）客观检查

1. 脉率

脉率反映心脏功能状况，受多种因素影响。自我监督时，常用清晨卧位脉率来评估运动状态和身体状况。

2. 体重

体重的稳定对成年学生而言是常态。体重的规律性变化可以反映锻炼效果和身体适应性。

3. 运动状态

良好的运动状态表现为愉悦放松的精神状态，以及不断提升或保持高水平的运动成绩。运动过量可能导致精神压力增大和成绩下降。

自我监督是观察体育运动对身体的影响、及时发现问题、纠正偏差、保证科学锻炼的重要措施。除了上述主观感觉和客观检查外，还可以根据需要选用握力、肺活量、血压等指标进行监测。

三、体育课程教学场地卫生监督

为确保体育锻炼和教学的顺利进行，促进身体健康，防止运动损伤，体育设施和运动场馆必须符合一定的卫生标准。

1. 场馆建设

运动场馆应满足特定运动项目的要求。例如，田径场跑道的直道应取南北方向，以避免直射光线影响视线；田径场和球场地面应平整且硬度适中；足球场应铺设草坪，并在场地周围 2.5 米内保持空旷。

2. 照明

室内或夜间使用的场地应有充足而柔和的照明，照度为 50～100 勒克斯，以避免眩光和运动损伤。

3. 空气

室内场地应具备良好的通风，保持空气新鲜并维持恒温。室外场地应远离空气污染源。

4. 体育器械

体育器械应定期更新，放置应保持适当距离，避免使用和练习时发生碰撞伤害。

教师在每节课前都应检查运动环境和场地设备是否清洁卫生、是否存在污染和噪声，体育器械的摆放是否合理安全。

四、体育课程教学过程中的医务监督

(一) 医学观察

医学观察可通过比较不同学生的生理反应来了解体育课的影响。观察应包括课前询问学生的自我感觉，测定脉搏、血压、肺活量和呼吸频率等生理指标；课中在各环节结束时或练习前后测量脉搏并观察外部表现，以评估疲劳程度；课程结束后立即重复运动前的检查，并询问学生的自我感觉；课后 10～15 分钟，可进行补充负荷试验。有条件的学校还可检查学生在课后恢复期的生理状态。

(二) 课程组织过程中的医务监督

医务监督应涵盖课程任务、内容、教法，记录课程时间、学生人数、组织纪律情况。应观察是否遵循教学原则，如循序渐进、系统性、全面性及个别对待；应特别注意健康状况较差或有生理缺陷的学生是否得到适当的分组，以及教师对安全教育的重视程度和课程的安全防范措施。

生理负荷量测量方法：传统的测量方法是在不同时间点（安静时、准备活动结束、基本部分结束、整理活动结束 10 分钟后）测定脉率，并绘制曲线图来分析体育课的生理负荷量是否合理。例如，在一次体育课中，某同学的脉率测定情况如下：

(1) 安静时脉率（课前）：80 次/分钟。

(2) 开始部分（5 分钟）：集队、讲解时，脉率为 86 次/分钟。

(3) 准备部分（20 分钟）：脉率分别为 94 次/分钟、120 次/分钟、127 次/分钟、140 次/分钟。

(4) 基本部分（60 分钟）：脉率分别为 116 次/分钟、154 次/分钟、142 次/分钟、160 次/分钟、104 次/分钟、174 次/分钟、110 次/分钟、130 次/分钟、120 次/分钟。

(5) 结束部分（10 分钟）：下课时脉率为 86 次/分钟。

根据测定的脉率数据，绘制的脉率曲线图（图 2-2）可反映体育课的生理负荷量，为教学调整提供依据。

所绘制的脉率曲线图是不规则的，从中难以直接分析该次体育课的生理负荷量是否适宜。我们不能仅凭一次特定的脉率值，如 104 次/分钟，就判断该节课的生理负荷量较小；同样，也不能因为一次脉率达到 174 次/分钟，就断定生理负荷量过大。因此，必须对整节课的脉率测定结果进行综合分析。

生理负荷量等级评定传统上采用指数法，计算公式为：

$$生理负荷量指数 = \frac{平均生理负荷量}{课前安静时脉率}$$

已知这次体育课前安静时的脉率是 80 次/分，平均生理负荷量为 122，所以生理负荷

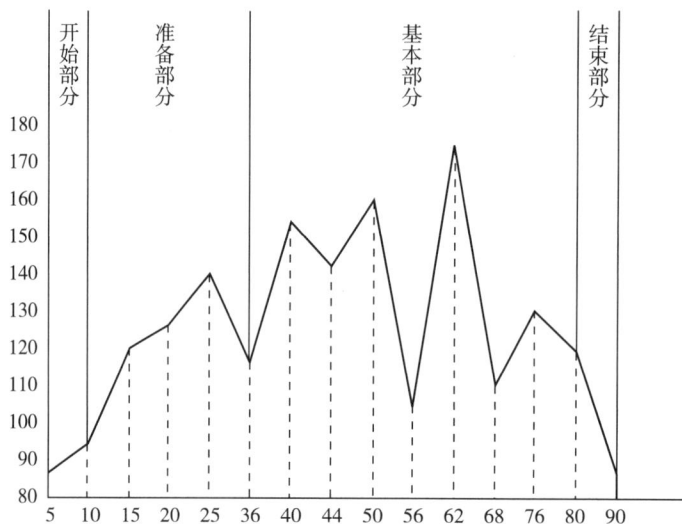

图 2-2　某高校一次体育课学生脉率变化曲线图

量指数：

$$\frac{122}{80} = 1.53$$

对照（表 2-3）可知，该次课的生理负荷量等级属于中等。

表 2-3　运动量指数评定

运动量指数	运动量等级
2.0～1.8	最大
1.8～1.6	大
1.6～1.4	中等
1.4～—1.2	小
1.2～—1.0	最小

对心肺功能锻炼的最佳运动强度是在心脏每搏输出量最大的范围内。这个范围的心率，一般在 140～150 次/分钟之间。实验证明，运动中的最高脉率以不超过 180 次/分钟为宜。而体育课的密度一般在 25%～35%（密度大者为 40%～45%）。因此，有人提出对一般大、中学校体育课的生理负荷量等级的确定，可用百分法（$k\%$）来计算。即：

$$k\% = \frac{体育课平均脉率 - 课前安静时脉率}{体育课最高脉率 - 课前安静时脉率} \times 100\%$$

若按此方法计算，这次体育课的 k 值为：

$$k\% = \frac{122-80}{174-80} \times 100\% = 44.68\%$$

参照表 2-4 可知，这次体育课的生理负荷量也为中等。

表 2-4　体育课生理负荷量等级

$k\%$	生理负担量等级
1~20	最小
20~40	小
40~60	中等
60~70	大
70~—80	最大

在计算生理负荷指数时，需要特别关注课前安静状态下的心率。应尽量排除课前各种外部因素对心率的影响，否则计算得出的生理负荷指数可能会因安静时心率的升高而偏低。

生理负荷的等级评定是体育理论、运动生理学和体育保健等学科共同关注的课题。上述方法可以作为评定生理负荷等级时的参考。

2. 生理负荷量测量结果的评定

体育课的生理负荷应根据人体的生理和功能活动变化规律，逐步增加运动量，并在体育课结束前逐渐减少运动量。从一次体育课的结构来看，生理负荷的高峰应控制在基本部分的中期稍后为宜。准备部分的生理负荷不宜过大，以避免体力消耗过多。结束部分的生理负荷应明显降低。以上述体育课为例，从心率变化的曲线来看，生理负荷先是逐渐增加，然后逐渐减少，可以认为这次体育课的生理负荷安排是合理的。

第三节　课外运动医务监督

课外运动是对体育课程的有效补充和加强。通过形式多样、富有活力的课外体育活动，不仅可以使学生在长时间紧张学习状态下的大脑得到放松，还能巩固和提升体育课所学的知识和技能，培养学生自觉锻炼的习惯，增强体质，促进健康。此外，课外活动也是提高学生身体素质和锻炼心肺功能的重要途径。

急性疾病通常被视为运动的禁忌，包括急性感染性疾病、化脓性疾病，以及急性心脏、肾脏、胃肠、肝、胆、胰腺疾病和未愈合的创伤等。此外，严重贫血、出血倾向、月经过多、严重痛经、未控制的代谢性疾病（如甲状腺功能亢进和糖尿病）等情况下，也应暂停运动。患有急性疾病的学生应积极治疗，待病情康复后再逐步恢复运动。

一些慢性病患者主要系统和器官功能受损，如慢性肾炎、心肾功能受损时，不宜参加剧烈体育运动。但可以结合医疗体育进行适当的课外活动，帮助患者改善整体状况，减缓病情发展，防止肾功能迅速恶化。

以下是针对心脏病患者的步行锻炼线路。

第一条：200～600米平路，以每2～3分钟走100米的速度行进，每走100米后休息5分钟。

第二条：400～800米平路，以每3～4分钟走200米的速度行进，每走完200米后休息3～5分钟。

第三条：800～1500米平路，分别用18、17、16、15分钟走完，中途和结束各休息5分钟。

第四条：步行两段1000米平路，每段用18分钟走完，休息5分钟。

第五条：2000米平路，包含两段短程（100米）带有3～5度坡度，用20～25分钟走完1000米，休息8分钟，返程同样。

从第一条线路开始，逐渐练习，一般每条线路至少练习一个月，直到充分适应并有余力后再进行下一条线路练习。在锻炼过程中，患者应根据自身情况量力而行，不必过分追求规定距离和速度。定量步行能有效锻炼心脏，通过长期系统练习，可逐渐增加步行距离和坡度，使患者逐步适应。

心脏功能较弱的人群，包括传染病康复后心脏功能较弱、慢性心脏病、因肥胖症引起的心脏功能减弱等，都适合采用定量步行法来锻炼心脏。

课外活动应丰富多样，可以复习和巩固保健课所学的基本技能和技术。利用课外活动时间，在专人指导下组织体育保健活动，以提高学生健康水平。课外活动每周至少2次，每次不超过50分钟，运动强度（心率）应控制在120次/分钟以下，并与体育课时间错开。由于参与课外活动的学生众多，且课外活动内容多样，若安排不当，可能发生伤害事故，因此应事先周密安排，确保活动有序、安全、有效。体育教师需事先检查场地和器材安全，器械练习时应安排人员保护。运动前应进行充分的准备活动，教育学生遵守纪律，预防运动伤害。课外活动时间应与体育课时间错开，以利于体质增强和健康水平提升。教师应鼓励学生参与集体活动，在运动损伤或心脏意外等情况发生时，同伴可互相帮助。但集体项目运动量不易控制，需妥善安排。

不当运动可能导致心律失常、低血压和二氧化碳分压升高，甚至呼吸衰竭的风险。此类学生应在医务监督下进行体育保健活动，并进行自我监督以控制运动量。心脏病患者在发热或安静时出现心动过速（每分钟脉搏90次以上）的情况下，不宜进行体育保健活动。在进行体育保健活动期间，学生应自我观察身体反应。定量步行后，脉搏每分钟增加20～30次属于正常范围。若运动过程中或运动后出现剧烈喘息、心悸、心区疼痛、心律不齐等症状，应立即停止运动。

第四节　运动健康风险评估

体育运动可以为人们带来健康和快乐，也可能对身心造成一定的负面影响。在参与体育运动时，运动安全风险随之而来，尤其是运动损伤和运动性猝死。因此，评估和控制运动风险是实现健康运动的关键环节。

一、运动风险与心血管危险因素筛查

运动风险是运动安全的主要障碍。参与者在进行体力活动时必须警惕危险事件的发生，尤其是心血管意外，这是最危急的情况之一。在制定降低运动风险的策略时，应重点筛查心血管危险因素，提高预防运动相关不良心血管事件的有效性。

运动中的心血管意外风险是指运动员或锻炼者在运动中或运动后出现急性心肌缺血、心肌梗死、心搏骤停、心室颤动等心血管事件或死亡的风险。这主要包括年轻人猝死和成年人动脉粥样硬化相关的运动心血管事件。活动强度可以通过储备摄氧量（VO_2R）、储备心率（HRR）、摄氧量（VO_2）、心率（HR）或代谢当量（MET）的百分比表示，分为低、中、高三个等级。在大多数运动相关心血管事件的研究中，中等强度被定义为 $3\sim6$ METs。由于个体体适能或年龄的差异，中等强度体力活动也可以定义为 $40\%\sim60\%$ VO_2R。体力活动强度可以通过主观感觉疲劳等级（RPE）或运动中的呼吸困难程度来评估。

定期进行科学的运动对身体健康是有益的，但过度的体力活动可能增加肌肉、骨骼、韧带损伤及心血管并发症的风险。肌肉、骨骼、韧带损伤是最常见的运动相关并发症，通常与运动强度、运动特性、身体状态及肌肉骨骼系统是否存在异常有关。恶性心血管事件如心源性猝死和急性心肌梗死通常与高强度运动有关。虽然此类心血管事件不如肌肉骨骼损伤常见，但其后果往往更为严重。

健康个体具有正常的心血管功能，在运动过程中通常不会引发心血管事件。健康个体进行中等强度身体活动时，心搏骤停或心肌梗死的风险非常低。然而，无论个体是否患有心血管疾病，高强度运动都可能增加心源性猝死和心肌梗死的发生风险。

筛查不同人群在运动中发生心血管意外的危险因素，有助于专业人士初步了解和评估被检者的健康水平及运动中心血管意外的风险，以确定是否需要进行进一步检查，如运动负荷试验、超声心动图、动态心电图等。

目前常用的运动前心血管危险因素筛查方法包括：

1. PAR－Q（体育活动准备）问卷和 AHA/ACSM 健康/体适能机构的运动前筛查

针对无症状高危成年人的运动前筛查，目前尚无统一结论。美国心脏病协会（AHA）

和美国运动医学会（ACSM）建议，无症状的糖尿病患者、45 岁以上男性和 55 岁以上女性，以及具有两项以上心血管危险因素的人群，在进行中等至高强度运动前应进行筛查。

2. 12 项基本情况调查

美国心脏病协会推荐的 12 项基本情况调查（表 2-5），包括 8 项家族、个人病史，4 项个人体格检查，有助于进行大规模或小规模筛查。1 项以上呈阳性者应进行心血管疾病检查。对于初中生和高中生，如果其父母有 1 项以上呈阳性，也必须进行心血管疾病检查。这一筛查策略在美国被普遍采用。

表 2-5　美国心脏协会推荐的基本情况调查

个人病史
1. 劳力性胸痛/胸闷
2. 不明原因昏厥/一过性昏厥
3. 劳力性呼吸困难和不明原因呼吸困难
4. 诊断未明的心脏杂音
5. 系统性血压升高
家族病史
1. ≥1 名亲属 50 岁前发生心源性猝死
2. 直系亲属 50 岁前因心脏原因丧失劳动能力
3. 家族成员中有下列疾病：肥厚型或扩张型心肌病，长 QT 间期综合征或其他离子通道病，马方综合征或其他具有临床意义的心律失常
体格检查
1. 心脏杂音
2. 股动脉搏动，主动脉缩窄
3. 马方综合征
4. 肱动脉血压（坐位）

注：参照赵斌主编《体育保健康复指南》。

3. 心电图

心电图（ECG）在临床检查和健康筛查中应用广泛，可以监测被检者是否存在异常的心电活动或心律失常，对许多心血管疾病的预测和诊断具有辅助作用。尽管心电图结果的特异性较低，且与运动训练相关的心电图表现多变，但标准 12 导联心电图在无症状人群中检测冠状动脉疾病的诊断价值有限。然而，偶尔可以通过心电图结果发现一些已愈合的心肌梗死的证据，也有助于检测一些较不常见的疾病，如肥厚型心肌病、长 QT 间期综合征、Brugada 综合征和预激综合征。因此，建议将标准 12 导联心电图作为 40 岁以上运动员常规评估的一部分。

4. 心电图运动试验

心电图运动试验是一种相对有效且经济的冠心病心肌缺血检测方法，适用于无症状人群。其通过逐步增加运动负荷，利用心电图为主要检测手段，并结合试验前、中、后的心电图变化、症状及体征反应，来判断心肺功能。这种方法可用于辅助临床疾病的诊断和指导康复治疗，确定被检者运动的安全性。建议中高危心血管风险人群及即将进入激烈竞争环境的运动员接受心电图运动试验；同时，建议对有潜在冠心病症状的任何年龄的运动员，以及没有危险因素的 65 岁以上运动员进行测试。但不建议在无重大风险因素的健康无症状运动员中使用心电图运动试验。

5. 超声心动图

它是一种无创、安全、操作简便、可重复并能够动态观察心脏内部变化的检查技术，已成为运动员心脏检查和功能评定的重要手段。建议在病史或临床检测提示可能存在心脏瓣膜或心肌方面疾病时，进行超声心动图检查，以进一步筛查心血管疾病所导致的危险因素。

二、运动风险评价

为了提高运动参与者的安全性，需要根据个体体质及健康水平的差异，进行运动前健康筛查，对运动风险进行评估。这一过程主要包括以下几个要点：

（一）自我筛查

所有计划运动参与者都应通过自述病史或健康风险评估问卷进行运动的健康筛查。自我筛查可以通过体育活动准备问卷（PAR－Q）或 AHA/ACSM 健康/体适能机构的运动前筛查问卷完成。

（二）动脉粥样硬化性心血管疾病危险因素及判断标准

有资质的健康/体适能、临床运动或健康管理专业人士，对完整的体育活动准备问卷（PAR－Q）或 AHA/ACSM 健康/体适能机构的运动前筛查问卷进行评估，确定个体是否存在相关心血管危险因素阳性（表 2-6），从而确定被检者的危险分层，并根据其危险分层给予医学检查、运动测试和医务监督建议。

表 2-6　动脉粥样硬化性心血管疾病危险因素及判定标准

危险因素	判断标准
年龄	男性≥65 岁，女性≥55 岁
家族史	心肌梗死，冠状动脉旁路移植术后，父亲或其他男性近亲属 55 岁前猝死，母亲或其他近亲属 65 岁前猝死
吸烟	吸烟或戒烟不足 6 个月或吸二手烟

（续表）

危险因素	判断标准
静坐少动的生活方式	至少 3 个月没有参加每周至少 3 天，每天不少于 30 分钟的中等强度体力活动（40％～60％VO$_2$R）
体重	体重指数＞30 kg/m^2 或男性腰围＞102 cm、女性腰围＞88 cm
高血压	收缩压≥140 mmHg 或舒张压＞90 mmHg，至少进行两次血压测定，或正在服用降压药
血脂异常	低密度脂蛋白（LDL）胆固醇≥130 mg/dL（3.37 mmol/L），或高密度脂蛋白（HDL）胆固醇＜40 mg/dL（1.04 mmol/L），或正在服用降压药
糖尿病前期	空腹血糖受损（IFG），即空腹血糖≥100 mg/dL（5.55 mmol/L）并且≤125 mg/dL（6.94 mmol/L），至少进行两次测量确定
负性危险因素	高密度脂蛋白（HDL）胆固醇≥60 mg/dL（1.55 mmol/L）

注：参照赵斌主编《体育保健康复指南》。

对于不能明确或不宜获得的心血管疾病危险因素，应将其记为危险因素（糖尿病前期除外）。如果糖尿病前期的诊断标准缺失或不明确，那么对满足以下条件的人应将糖尿病前期记录为危险因素：①年龄≥45 岁，体重指数（BMI）≥25 kg/m^2；②年龄＜45 岁，体重指数（BMI）＞25 kg/m^2，并有其他糖尿病前期人群心血管疾病危险因素。计算正性危险因素的数量，高 HDL 是有利因素，如果 HDL≥60 mg/dL（1.55 mmol/L），可以从正性危险因素总数中减去 1。

（三）基于危险分层的医学检查、运动测试和医务监督建议

美国运动医学会（ACSM）基于个体的危险分层，提供医学检查、运动测试和医疗监督的建议。

1. 中等强度运动

运动强度在 40％～60％的最大摄氧量储备（VO$_2$R）之间，相当于 3～6 个代谢当量（METs）。这一强度的运动能够引起心率和呼吸频率的增加。

2. 较大强度运动

运动强度达到或超过 60％的 VO$_2$R，超过 6METs，此强度的运动会引起心率和呼吸频率显著增加。

在运动前筛查中，医学检查、运动测试和医务监督通常不作为基本要求。然而，在以下情况下，可以考虑将它们纳入运动前筛查的基本条件：当存在健康风险时；当制定运动处方需要更多信息时；当为患者提供个性化建议时。在健康筛查过程中，建议根据个体情况考虑进行医学检查、运动测试和医务监督。

（四）美国心肺康复协会（AACVPR）的心脏病患者危险分层

对于确诊心血管疾病的个体，可以使用美国心肺康复协会（AACVPR）的危险分层方案来进行更深入的风险评估（表 2-7）。

表 2-7　美国心肺康复协会的心脏病患者危险分层标准

低危
1. 参加体力活动的低危病人的特征（要确定病人处于最低危险水平，所有列出来的特征都必须具备） （1）运动测试和恢复期没有严重的室性心律失常 （2）没有心绞痛或其他主要症状（如：在运动测试和恢复期出现异常的呼吸困难、头晕或晕厥） （3）运动测试和恢复期血流动力学反应正常（即随着工作负荷的增加或降低，心率和收缩压适度地上升或下降） （4）功能能力≥7METs 2. 非运动测试结果 （1）安静时射血分数≥50% （2）没有并发症的心肌梗死或血管重建术 （3）安静时没有严重的室性心律失常 （4）无充血性心力衰竭 （5）发病后/手术后没有局部缺血的症状或体征 （6）没有抑郁症
中危
1. 参加体力活动的中危病人的特征（其中一项或几项特征即可确定病人属于中危） （1）有心脏病或其他主要症状，例如：只在高强度运动（≥7MET）时出现异常的呼吸困难、头晕或晕厥 （2）运动测试或恢复期有轻到中等水平的局部缺血（ST 段比基线压低<2mm） 2. 非运动测试结果：安静时射血分数为 40%～49%
高危
1. 参加体力活动的高危病人的特征（有其中一项或几项特征即可确定病人属于高危） （1）运动测试或恢复期出现严重的室性心律失常 （2）有心绞痛或其他主要症状，例如在低强度运动（<5MET）时或恢复期出现异常的呼吸困难、头晕或晕厥 （3）运动测试或恢复期有严重的局部缺血（ST 段比基线压低≥2mm） （4）运动测试时有异常的血流动力学反应（即随着工作负荷增加，有心率变异、心跳无力或收缩压下降）或恢复期有反常的血流动力学反应（如严重的运动后低血压） 2. 非运动测试结果 （1）安静时射血分数<40% （2）心搏骤停或猝死 （3）安静时出现严重的心律失常 （4）有并发症的心肌梗死或血管重建史 （5）有充血性心力衰竭 （6）发病后或手术后有局部缺血的症状或体征 （7）有抑郁症

注：参照赵斌主编《体育保健康复指南》。

三、临床运动测试

递增负荷试验（GXT）在临床上用于评估患者对递增强度有氧运动的承受能力。目前常用的运动测试方式包括功率车测试和跑台测试。在进行 GXT 时，为了监测心肌缺血、血流动力学变化或心电图（ECG）电压不稳，以及其他相关症状或体征，主要监测的指标包括心率、血压、ECG 变化、主观感觉、症状和体征、通气和气体交换指标等。对于充血性心力衰竭（CHF）、怀疑或确诊为限制性肺部疾病和/或不明原因的劳力性呼吸困难的患者，应使用血气分析。

（一）适应证与检测目的

诊断性运动测试：用于心、肺疾病的诊断及康复评估。

慢性病评估：用于判断冠心病、充血性心力衰竭（CHF）、肺动脉高压、慢性阻塞性肺疾病（COPD）等慢性病的严重程度及预后。

心肌梗死后运动测试：用于评估患者发病危险因素、制定运动处方及评估包括血管重建在内的治疗或干预效果。

功能性运动测试适用于评定机体功能能力。

（二）禁忌症

1. 绝对禁忌症

（1）近期安静心电图显示严重心肌缺血。

（2）近期发生心肌梗死（2 天内）或其他急性心脏事件。

（3）不稳定型心绞痛。

（4）可引起症状或血流动力学改变的未控制的心律失常。

（5）严重的有症状的主动脉瓣狭窄。

（6）未控制的有症状的心力衰竭。

（7）急性肺栓塞或肺梗死。

（8）急性心肌炎或心包炎。

（9）怀疑或确诊动脉瘤破裂。

（10）急性全身感染，伴发热、全身疼痛及淋巴结肿大。

2. 相对禁忌症

（1）冠状动脉左主干狭窄。

（2）中度心脏瓣膜狭窄。

（3）电解质紊乱。

（4）严重高血压。

（5）心动过速或心动过缓。

（6）肥厚型心肌病或其他形式的流出道狭窄。

（7）运动中加重的神经肌肉疾病、肌肉骨骼疾病和风湿性疾病。

（8）重度房室传导阻滞。

（9）室壁瘤。

（10）未控制的代谢性疾病。

（11）慢性感染性疾病。

（12）精神或躯体障碍导致的运动能力下降。

若运动的益处大于风险，某些相对禁忌证可暂不作为禁忌。在某些情况下，这些患者可在医务监督下进行运动，或采用较低强度的运动，尤其是安静时无症状的患者。

第三章　体育康复保健课程教学过程的规律与原则

体育教学是一个根据既定计划和教学大纲进行的多目标、多层次的动态系统。在这个系统中，教学过程是核心环节。它涉及教师和学生的共同参与，旨在传授体育知识、技术和技能，有效促进学生身体发展，增强其体质，培养其道德品质。体育教学是学校体育工作的基本形式，也是实现体育目标的关键途径之一。2002年，《全国普通高等学校体育课程教学指导纲要》特别指出，对于有特殊身体状况的学生，应开设以康复和保健为主要内容的体育课程。康复保健体育课程的开展与实施需要进行科学的设计与构建。

第一节　体育教学过程

体育教学过程是指在体育教学中，为了实现既定的教学目标，教师与学生等教学要素相互作用而展开的教学活动。这个过程不仅涉及"人—人"系统，也涉及"人—机—人"系统的调控、转化和激发条件。体育教学过程具有以下几个基本特点。

一、教学活动以身体实践为主

体育教学中学生的实践活动主要是动作练习，要求学生直接参与，并承受一定的生理负荷。学生需要投入时间、体力、精力和智力，从事各种体育动作的实践活动，并掌握特定的技能和技巧。对于保健班的学生，由于身体条件受限且个体差异较大，统一的教学目标设定和实现过程中难以有固定的标准和模式。因此，教师应以学生为本，因地制宜，活动安排要满足他们的身心需求。

二、教学组织过程的应变能力

体育教学受外在环境（包括天气、设施条件、周围环境等）影响较大。尤其是在户外教学时，由于教学范围广阔，学生流动性大，注意力易分散，对抗性和竞争性较强的内容可能会引发伤害事故。因此，教师需要有周密的计划、充分的准备、严格的要求以及灵活机动的组织模式。体育教师应以身作则，不断创新，善于运用各种队列队形，发挥骨干学生的模范带头作用，合理高效地使用现有设施资源，并落实安全和卫生保护措施。

三、满足学生身体发展的顺序性和全面性

学生的身体发育具有有序性和全面性。有序性是指身心发展从低级到高级、从简单到复杂、从量变到质变，强调一定的方向性。体育教学的每一个构思和步骤都将直接影响学生的成长。教学应循序渐进，不能急于求成。良好的教学效果不仅表现为学生外在肌肉力量、肌肉线条的流畅、骨骼的完善发育和内脏器官的健全，还表现为学生身体整体的匀称、协调发展。体育教学要按照生长发育的先后顺序，全面地推进。

四、符合学生身心发展的规律

体育教学在追求学生身体改变的同时，也应注重学生心理的成长。因此，体育教学时应营造生动活泼的教学氛围，为学生的心理健康发展提供良好的环境。体育教学应注重主动参与的过程、情绪的积极体验、个性的独立与解放，以及人际关系的宽松和谐，使学生在轻松愉快的环境中，自由自在、无忧无虑地获得身心的健康发展。

五、教学效果的综合性

"教学过程永远具有教育性"，这是任何教学过程的基本规律。体育教学的教育性主要体现在两个方面。一方面，体育教学中组织的每一项活动都有明确的目的任务、组织原则、规则要求，需要学生学习和掌握相应的动作技术，并克服各种困难。这些构成了体育教学的基本因素，直接影响学生。另一方面，体育教学环境包括教师使用的教材、教学方法、教学条件、学校传统和班级风气等，这些都会对学生的学习和成长产生潜移默化的影响。在体育教学中，学生的思想感情和作风容易自然地表现出来，这有利于教师把握学生的思想实际和特点，从而进行有针对性的教育。

体育教学中的思想品德教育内容丰富，主要包括：培养热爱集体的情感和意识；培养团结友爱、关心他人、互助合作的意识和精神；培养竞争意识，以及胜不骄、败不馁的精神；培养坚韧不拔、勇敢顽强、机智果断等优良品质，以及心情开朗、愉快活泼的良好性格。

第二节 体育教学过程的基本规律

体育教学不仅要遵循认识事物的一般规律，还要遵循一些特殊的规律。这些特殊规律包括动作技能的形成规律、运动负荷变化与控制的规律、人体机能的适应性规律、人体生理机能活动能力的变化规律，以及掌握体育知识技能的螺旋式上升规律等。这些规律是体育教学过程所特有的，为体育教学的具体实施提供了理论依据。

一、动作技能的形成规律

（一）动作的认知阶段

在技能学习的初期，练习者的神经过程处于泛化（或类化）阶段，内抑制过程尚未精确建立。练习者的注意力范围较狭窄，知觉的准确性较低，动作之间的联系不协调。特别是肌肉的紧张与放松配合不佳，多余的动作较多，整个动作显得忙乱紧张；完成的动作在时间、空间上都不精确。练习者能初步利用教学结果的反馈信息，但只能利用非常明显的线索。在此阶段，练习者主要通过视觉观察示范动作，并进行模仿练习，较多地利用视觉控制动作。因此，动觉的感受性较差，对于动作的控制力不强，难以发现自己动作的缺点和错误。

（二）改进与提高阶段

练习者经过一定的练习后，初步掌握了一系列局部动作，并开始将个别动作联系起来。这时，练习者的神经过程逐渐形成了分化性抑制。在动作的联结阶段，兴奋和抑制过程在时空上更加准确，内抑制过程加强，分化、延缓及消退抑制都得到发展。练习者的注意力范围有所扩大，紧张程度有所降低，动作之间的干扰减少，多余动作趋于消除，动作的准确性提高，识别错误动作的能力也有所增强。初步形成了一定的技能，但在动作之间的衔接处常出现间断、停顿和不协调现象。

（三）动作完善阶段

在这个阶段，练习者的动作已在大脑中建立起巩固的动力定型，神经过程的兴奋与抑制更加集中与精确。掌握的一系列动作已经形成了完整的有机系统，各动作都能以连锁的形式表现出来，自动化程度提高，意识仅对个别动作起调节作用。此时，练习者的注意力范围进一步扩大，主要用于对环境变化信息的加工，而对动作本身的注意减少，视觉控制作用减弱，动觉控制作用增强，能及时发现和纠正动作的错误。

二、运动过程中人体生理机能活动能力的变化规律

人体生理机能活动能力的变化规律是指在体育活动过程中，人体机能活动能力变化的

必然趋势。这一趋势表现在运动全过程：人体从安静状态开始进行体育活动时，机能活动能力先逐步上升，随后达到极限，并保持一定时间，最后由于疲劳而逐渐下降。这一系列变化主要分为准备活动、进入运动状态、稳定运动状态、疲劳和恢复五个阶段。

在进行中小强度的长时间运动时，机体进入工作状态后，机体的摄氧量能够满足需氧量，各项生理指标保持相对稳定，这种状态称为真稳定状态；在进行强度较大、持续时间较长的运动时，机体进入工作状态后，机体摄氧量已达到并稳定在最大摄氧量水平上，但仍不能满足机体对氧的需求，运动过程中处于缺氧状态，这种状态称为假稳定状态。在假稳定状态下，机体以无氧供能为主，乳酸的产生率大于清除率，导致大量代谢产物（如乳酸）在体内堆积、血浆 pH 值下降、内环境发生改变等"极点"现象。这不仅影响了神经肌肉的兴奋性，还反射性地引起呼吸和循环系统的功能紊乱。同时，机能失调的强烈刺激传入大脑皮质，使运动动力定型暂时遭到破坏，运动中枢抑制过程占优势。因此，"极点"出现时，往往表现为动作迟缓、不协调、精神低落等症状。

"极点"出现后，运动者依靠意志力和调整运动节奏继续坚持运动。不久，一些不良的生理反应便会逐渐减轻或消失。此时，呼吸变得均匀自如，心率趋于平稳，动作变得轻松有力，能以较好的机能状态继续运动下去，这种状态称为"第二次呼吸"。机体建立了新的平衡点，由于运动中内脏器官惰性逐步得到克服，氧供应增加，乳酸逐渐被清除；"极点"出现时，运动强度暂时下降，使机体需氧量下降、乳酸产生减少，内环境得以改善，动力定型得到恢复。此外，"第二次呼吸"还与肾上腺素等运动应激性激素分泌量的增加密切相关。"第二次呼吸"的出现标志着机体进入工作状态阶段的结束，机能水平进入一个相对稳定的状态。这些变化规律适应性较广，但由于不同对象的年龄、性别、体质状况、练习水平及运动内容、组织方法、季节和气候条件的不同，机能活动能力上升的时间、速度，达到的最高水平和延续时间，以及承受急剧变化的能力也各有差异。康复保健班教学对这些规律的把握尤为重要。

第三节 体育康复保健课程教学的基本原则

开展针对"弱势群体"的体育课程，旨在通过体育活动增强其体质、改善其身体机能、提升其自信。体育作为团体活动的媒介，不仅能够丰富生活情趣、陶冶情操、促进身心健康、扩大生活领域，还能通过意志和体能的较量，激发个体潜能，展示创造力和价值。

一、体育保健课程实施流程

高校体育保健课程教学一般遵循以下四个步骤。

1. 选课阶段

开学前或前一学期末，教务处需公布下一学期保健课的具体开课方案及选课要求，供学生选择。随后，学校根据选课情况在教务平台上公布上课时间及人员名单。

2. 上课阶段

教师需根据学生的身体状况，选择多样化、个性化的教学内容，如力量练习、素质拓展练习等，并制定有针对性的学习方案。

3. 课程要求成绩评定

在成绩评定过程中，教师应根据学生的实际技术水平、出勤情况、理论知识和日常表现进行综合评定，以客观反映学生的学习情况。

4. 成绩公布与评价

教师应在学期末及时在教务平台上公布学生成绩，并对每位学生进行有针对性的评价，为学生提供帮助，为下学期的学习奠定基础。

二、体育康复保健课程教学的基本原则

(一) 体育教学应遵循的基本原则 (图 3-1)

(1) 教育性原则：强调体育教学的教育功能，培养学生的团队精神、竞争意识和优良品格。

(2) 科学性原则：确保教学内容和方法的科学性，符合学生身心发展规律。

(3) 锻炼性原则：注重学生的体育锻炼，提高身体素质和健康水平。

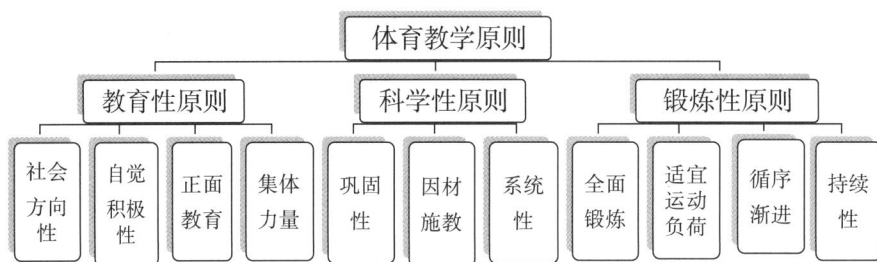

图 3-1 体育教学基本原则的结构图

(二) 针对特殊性和差异性，体育康复保健教学设计应重视以下五项原则

1. *以人为本，健康第一原则*

体育康复保健课堂教学设计应以学生为本，突出学生的主体地位；教师应发挥引导作用，激发学生的自主锻炼意识。

2. 培养终身体育思想的目标与原则

提高学生对终身体育的认知，改变其运动习惯，培养其自主锻炼意识，为学生的成长和发展奠定基础。

3. 针对性原则

教师应根据学生的实际情况，制订有针对性的教学计划，开展多样化的教学活动，满足不同学生的需求。

4. 课程资源共享性原则

教师应充分利用在线教学平台和校内资源，为学生提供高质量的课堂教学和有效的康复训练。

5. 可操作性原则

教学设计应易于实施，教学目标应具有可行性，教学内容应便于评价，教学模式应注重实践效果。

第四章　体育康复保健课程教学方法

体育康复保健课教学方法是实现课程目标的基本手段。体育康复保健课教学是任课教师与学生相互合作、共同配合的过程，旨在向学生传授身体保健和心理保健的知识和技能以及恰当的锻炼技术，以增强其体质，促进其伤病恢复，培养其自立、自信、自强的精神，以及战胜困难的顽强意志品质。

第一节　体育康复保健课程教学法的分类

针对学生的特征，体育康复保健课程主要采用以下教学方法，并根据不同的教学目标进行分类。

一、赏识教育法

保健班的学生不仅在身体上可能存在疾病、虚弱或残疾，心理上也可能较为脆弱，心理承受能力较差，害怕异样的眼光，容易产生负面的抵触情绪。在这种身心处于被动状态的情况下，心理关爱应成为教师开展教学工作的首要任务。这种关爱体现在为特殊学生创造一个和谐、舒适的学习和生活环境，让他们在体育学习过程中感受到关爱和温暖，认识到自我存在的独特价值，激发其对生命、运动和生活的热爱。

（一）语言赞赏法

语言赞赏法是体育教学活动中赏识教育最直接的运用方式，也是赏识教育模式中最为直接有效的一种表现形式。保健班学生由于身体各有不适，性格内向且对体育锻炼缺乏热情的比例较大。因此，教师应充分利用这一特点来开展体育教学活动，及时发现学生身上的优点并给予充分的肯定和鼓励，从而提升学生的自尊，增强其对体育运动的自信，激发并保持他们对体育运动的热情。例如，表扬张同学的某个动作非常标准，比以前有了很大进步；汪同学课外作业完成得十分认真，值得同学们学习；心脏病小组的 PPT 制作得很棒，团队协作能力很强等。

（二）肢体赞赏法

肢体赞赏法是教师在体育教学中，通过特定的肢体语言向学生表达鼓励和赞赏的方法。这是一种对学生的无声赞赏，同样具有显著的鼓励效果。例如，当学生完成了某些有难度的动作、练习姿势比较标准或特别认真时，教师可及时竖起大拇指、鼓掌或拍拍肩膀，以表示对学生行为的表扬和肯定。

（三）目光赞赏法

目光赞赏法是赏识教育模式在体育教学中的一种具体表现，其对于学生的体育锻炼热情和信心有着激励作用，并且能够充分调动学生学习的主动性。例如，在实际的体育项目中，教师以温和、赞赏的目光教导每位学生，通过眼神向学生传递温暖、爱心、肯定与赞赏，对不规范或消极的课堂表现进行耐心、及时的纠正和指导，并在其改正后再次给予肯定的目光，以此逐渐提高学生的学习热情，激发其内在学习潜能。

二、主动健康教育法

2015 年，中国各领域专家跨界联合提出了"主动健康"的概念。这是一种通过对人体主动施加可控刺激，增加人体微观复杂度，促进人体多样化适应，从而实现人体机能增强或慢性病逆转的医学模式。它强调通过对个体全生命周期行为系统进行长期连续动态跟踪，并对其自身状态、演化方向和程度进行识别和评估，以选择生活方式各要素为主，充分发挥其主观能动性，以改善健康行为为核心，综合利用各种医学手段对人体行为进行可控的主动干预，促使人体产生自组织适应性变化，从而达到提高机能、消除疾病、维持人体处于健康状态的实践活动和知识体系。因此，可以认为，主动健康是通过主动使人体处于可控非稳的"远离平衡态"，从而激发人体自组织能力，以达到消除疾病、促进健康的目的。近年来，我国制定和出台了一系列政策措施，加强体医融合和非医疗健康干预，大力推动全民健身与全民健康深度融合。在此政策背景下，教学中教师要不断发挥科学健身在健康促进、慢性病预防和疾病康复等方面的积极作用，强调运动促进健康的安全性、有效性和可持续性，从而消除保健班学生的心理顾虑，逐步形成体医结合的自我疾病管理和应对模式。

三、适应教育法

马斯洛的需求理论认为，人的需求分为"缺乏性需求"和"存在性或发展性需求"。从马斯洛的需求理论看，适应教育法既要考虑学生个体的生理性需求，又要关注其心理性需求。由于保健班学生身体和心理健康状况个体差异较大，在心理疏导和动作教学中，教师既要按照病情大类进行语言提示，又要具体落实到每个特殊个体。例如，在健身气功教学中，对于不同章节的教学，运动关节有障碍的学生可以免做或进行小幅度练习，教师要反复强调量力而行、适度进步，防止二次损伤；单独约谈不同病症学生，指导其课后生活中的饮食、作息、运动等注意事项。

四、综合教育法

综合体育课程是在面授体育课程基础上，借助学校体育教育信息化平台为学生提供在线体育课程。课程包括线上部分和线下部分，线上学习广泛的体育知识、专项理论知识和技术等，线下进行运动项目的巩固和提高、参与课外体育活动等。线下活动通常采用以下方法：

（1）直观法：体育教学中通过一定的直观方式，作用于人体感觉器官，引起感知的一种教学方法，如观察教师或优秀学生的示范。

（2）完整法：从动作的开始到结束，不分部分和段落，完整、连续地进行教学和练习的方法。在一些组合或套路的整体复习阶段采用这种方法，特别是带有配乐的项目练习，有利于学生把握动作节奏、记忆动作顺序。

（3）分解法：从掌握完整动作出发，把完整的动作按其技术结构分成几段或按身体活动的部位分成几个部分，然后逐段或逐部分进行教学和练习，最后完整地掌握动作的方法。例如，《易筋经》中的卧虎扑食式可以分解成腹背、手指、手臂、下肢逐一进行教学和练习，各个部分熟练掌握后再进行完整练习。

（4）预防和纠正错误动作法：教师为了防止和纠正学生在练习中出现的动作错误所采用的方法。教师可以根据以往的教学经验，逐条强调最容易出现的错误。如弓步压腿时，一是学生膝盖超过脚尖，造成过屈；二是膝盖没有正对脚尖，形成一定的扭转。两者都容易导致膝盖慢性损伤。最直接高效纠正错误的方法是走近学生，由教师逐一进行现场纠正。保健班线下课堂教学法示例详见表4-1。

表4-1 康复保健班课堂教学法示例

课程内容	时间（min）	教学方法和手段	教学目标	主要教学模式
准备活动	10	健步走、学生自主创编徒手操、柔韧拉伸练习或体育游戏	克服生理惰性，预防运动损伤，提升参与热情	自主教学
复习前面内容	10	将学生分组，互相指导	巩固旧技能，培养合作意识和社会适应性	分组教学
新技术学习	40	教师统一教授，学生探究发现问题，自主练习	掌握新技能，提升学习能力和学习兴趣	分层教学

（续表）

课程内容	时间（min）	教学方法和手段	教学目标	主要教学模式
身体康复	20	根据不同健康状况和运动能力类别进行个性化练习	增强体质，促进康复	个性化教学
结束部分	10	放松冥想、静力拉伸	身心放松，增强运动效果	自主教学

线上体育课程可以为特殊学生群体提供个性化教学内容，针对不同类型的残疾学生或不同类型伤病情况的学生调整课程内容，帮助学生顺利参加在线课程学习并指导学生制定运动处方。线上课程内容主要包括运动生理知识、运动与营养、体育欣赏、运动专项知识和专项技术示范等。

五、练习法

1. 游戏练习法

游戏练习法是以游戏的形式组织学生进行练习，适合保健班学生，因为他们不宜进行剧烈或快速应变的身体活动。为了提高保健课程的趣味性和活跃课堂气氛，教师可以采用结合数字的游戏动作模式，并且这些动作应在学生力所能及的范围之内。

2. 分组练习法

根据练习内容的不同，采取不同的分组模式。例如，在走跑练习中，可以分为慢走组、快走组和慢跑组；在力量素质练习时，可以分为上肢力量组、核心力量组和下肢力量组；在健身气功练习时，可以根据熟练程度进行分组，让掌握熟练的学生帮助不熟练的学生。

3. 循环练习法

这是一种按照既定顺序、路线和要求，在多个练习站点之间循环进行练习的方法。高校普遍设有户外健身器材，这些器材通常位于环境清幽、适合康复保健班学生练习的地方。在健身路径练习时，建议采用分组循环练习（图4-1），并根据健身器械的数量和班级人数，合理分配每组人数。例如，一个班级有28人，7个健身器械，可以每组4人。在循环练习中，应避免使用可能导致二次损伤的器械。

4. 重复练习法

重复练习法是根据练习任务在相对固定的

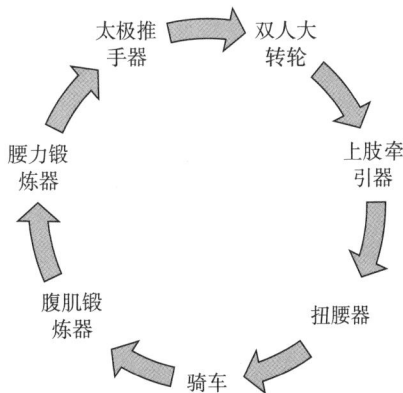

图4-1　健身器械学生分组轮换图

条件下反复进行练习的方法。例如，健身气功中的易筋经、六字诀、八段锦等，学生需要通过反复练习来掌握动作要领、控制身体重心并配合呼吸。

5. 变换练习法

变换练习法是根据练习任务的需要，不断改变练习手段和条件进行练习的方法。例如，为了增强学生的身体平衡能力、核心力量和下肢力量，教师可以利用把杆、椅子、垫子等辅助工具，让学生独立或通过互助方式完成练习。

六、个性培育法

保健班学生可能因身体疾病、残疾、体弱而个性较为内向，面临较大的身体和心理压力。为了促进学生间的交流和了解，教师可以按照相似的病理特征进行分组，让学生相互探讨。每组由组长负责，制作 PPT 并在课堂上进行演示和讨论。分组可以按照心脏病、肺病、眼疾、踝关节损伤、膝关节损伤等不同病理类型进行。

第二节　运动康复教学手段

运动康复既是本课程的重要教学目标，也是重要的教学手段。其核心在于通过集体或个体运动的方法，帮助伤病者或残疾者在身体功能、精神及劳动能力上实现最大限度的恢复，促进其重返社会。运动康复不仅对治疗某些疾病具有积极作用，还能促进人体脏器机能的恢复和提升，对人体整体及局部都具有保护作用。在临床医学和康复医学中，运动康复占有重要地位。体育锻炼手段本身是一种主动、全面、自然的物理疗法，可用于矫正体格缺陷或改善人体生理机能，包括气功、导引术、医疗体操、肢力训练、关节活动度训练及利用自然力进行锻炼等。但需注意的是，许多急性疾病不适宜或禁止采用运动康复。

一、运动康复的常见方法

（一）医疗体操

医疗体操是为预防、治疗和康复伤病而专门编排的徒手或借助器械进行的体操，具有很强的针对性。它是康复医学中防治疾病的一种常用方法，主要包括以下几种。

1. 矫正运动

矫正运动是一种专门设计的运动，旨在矫正身体畸形。通过在有利于畸形矫正的预备姿势下进行选择性的肌力训练，可以增强因畸形而受到牵拉和削弱的肌肉，同时锻炼所有有助于畸形矫正的肌肉群。此外，矫正运动还包括拉伸因畸形影响而缩短的肌肉和韧带。

这项运动广泛应用于矫正脊柱侧弯、脊柱前后弯曲、胸廓畸形、足部畸形及某些由外伤导致的畸形。

2. 协调运动

协调运动是指人体多组肌群共同参与并相互配合，实现平稳、准确、良好控制的运动能力，是完成精细运动技能的必要条件。协调训练主要用于恢复和加强动作协调性功能，适用于多种运动协调形式，如上肢与下肢之间的运动协调，四肢与躯干之间的运动协调，左右两侧肢体的对称或不对称运动协调，以及从简单到复杂、从单个肢体到多个肢体的联合协调运动。对于上肢和手的协调运动，训练应侧重于动作的精确性、反应速度和动作的节奏性；而下肢的协调运动，则主要练习正确的步态和上下肢动作的协调配合。

协调运动在中枢和周围神经疾病及创伤的康复中发挥重要作用。开展训练时，必须在患者可动范围内进行，并采取适当的安全保护措施。

3. 平衡运动

平衡运动是指在体育运动中维持身体相对于地球（惯性参考系）静止或进行匀速直线运动的能力。这种锻炼旨在提高身体平衡能力，通过逐步减少身体支撑面的大小、提升身体重心，以及从视觉监督下过渡到闭眼活动来实现。平衡运动通过直接作用于前庭器官，增强身体的稳定性，改善平衡功能。它常用于治疗因神经系统或前庭器官病变导致的平衡功能障碍。

4. 呼吸运动

呼吸运动涉及呼吸肌的收缩与舒张，导致胸廓的节律性扩张和收缩，为肺与外界的气体交换提供动力。在医疗体育中，呼吸运动主要分为以下三种类型。

（1）一般呼吸运动：包括单纯的呼吸练习及与肢体或躯干运动相结合的呼吸，用于改善呼吸功能，促进血液循环，减轻心脏负担，或在体疗中调节运动量。

（2）局部呼吸运动：专注于作用于肺的某一侧或某部分。例如，胸式呼吸主要影响肺尖和肺上叶，而腹式呼吸主要影响肺底部和肺下叶。这种运动可以配合躯干侧弯，重点作用于一侧肺叶。

（3）专门呼吸运动：包括有意识地延长呼气或吸气时间的练习，以及在呼气时配合发声或用手压胸廓以增加排气量的练习。局部呼吸运动和专门呼吸运动主要用于治疗某些呼吸系统疾病，如慢性支气管炎、肺气肿和胸膜炎等。

5. 器械运动

器械运动是通过使用各种器械进行的主动、助力、抗阻或被动运动。它利用器械的重量、杠杆作用、惯性力量或器械的依托，旨在增强肌力、扩大运动幅度、发展动作的协调性。使用器械不仅可以提升锻炼效果，还能使体操动作更加多样化，从而提高患者的锻炼兴趣和积极性。

在医疗体操中，常用的器械包括但不限于：沙袋、哑铃、球类、扩胸器、墙拉力装置、滑轮装置、体操棒、肋木、双杠、功率自行车、活动平板及各种关节练习器、练习手功能的器械。这些器械的选择和使用应根据患者的具体情况和康复目标进行个性化调整。

（二）肌力训练

肌力训练是一种通过反复肌肉收缩来增强肌肉力量的锻炼方法。这种方法特别适用于肌肉萎缩或力量减弱的患者。通过肌力训练，可以帮助患者改善肌肉功能，增加肌肉体积，提高肌肉的力量和耐力，从而促进运动功能的恢复。在进行肌力训练时，应根据患者的具体情况制订个性化的训练计划，包括训练的强度、频率、时间和类型。训练内容包括但不限于以下几种方式。

（1）助力运动：使用外部支持帮助患者进行肌肉收缩练习。

（2）主动运动：患者自主进行肌肉收缩，增强肌肉力量。

（3）抗阻运动：通过增加外部阻力来挑战和增强肌肉力量。

此外，肌力训练还应考虑安全性，避免过度训练导致的伤害，并确保训练的持续性和渐进性，以实现最佳康复效果。

（三）关节活动度训练

关节活动度，也称关节活动范围（Range of Motion，ROM），指关节在运动时所通过的运动弧或转动的角度。关节活动度分为主动和被动两种。主动关节活动度是由肌肉的自主收缩带动相应关节活动的范围；而被动关节活动度则是在肌肉完全松弛的状态下，由外力作用于关节产生的活动范围，通常被动活动范围略大于主动活动范围。关节活动度训练对于改善和维持关节活动性、促进患者完成功能性活动至关重要。

关节活动度主要包括以下练习方法。

1. 主动运动

主动运动通常包括各种徒手体操，可以根据患者情况自由编排。这种运动可以改善关节和肌肉的循环，增强肌肉力量，增加肢体血液流动、消除肿胀，并牵拉挛缩组织、松解肌肉、韧带和肌腱的粘连，从而维持和增加关节活动度。

2. 被动运动

当患者难以进行主动活动时，可以采用人力或器械辅助的被动运动，包括：关节可动范围的活动，由专业治疗人员或护理人员完成；手法松解，通过手法松解粘连和挛缩的关节；推拿，采用推、揉、滚等手法使肌肉放松；关节功能牵引，使用支架或特制牵引器进行；持续被动运动，利用专门机械进行，根据病情设定活动幅度、速度和持续时间。

3. 助动运动

当患者体力有所恢复后，可以进行助力运动，以进一步改善关节活动度。方法包括：

人力引导，由治疗人员协助患者进行关节活动；器械训练，利用简单器械作为助力；滑轮训练，通过健侧肢体协助患侧肢体运动；悬吊训练，利用网架装置进行锻炼；水中运动，利用水的浮力开展活动。

4. 抗阻运动

使用本体感觉神经肌肉促进疗法（PNF 法），如"维持-放松"技术和"收缩-放松"技术，通过等长抗阻收缩后放松，增加关节活动范围。

5. 手术松解

在严重关节挛缩且非手术方法无效时，可考虑施行关节松解术，有选择性地切开挛缩粘连组织，必要时进行肌腱延长术或肌肉塑形术。

关节活动度训练旨在改善和维持关节的活动范围，对于促进患者完成日常功能性活动具有关键作用，是康复治疗中的一项重要技术。通过增加关节的运动幅度，可以减少僵硬，预防挛缩，提高关节的灵活性和肌肉的柔韧性，从而帮助患者恢复或提升其运动能力。

二、运动康复的基本原则

1. 持之以恒原则

运动康复需要长期坚持，以实现疗效的逐步积累。

2. 循序渐进原则

运动强度和难度应逐步增加，以促进机体适应和功能提升。

3. 个别对待原则

根据患者的具体情况调整运动方式、方法和运动量。

4. 综合治疗原则

运动康复应与其他治疗方法相结合，以达到最佳效果。

5. 密切观察原则

训练中需密切观察身体变化，及时调整运动方式和运动量。

第三节　中国传统体育养生法

中国传统体育养生法是以中国古代养生学说为理论基础、以强身健体的锻炼方法为手段的中华优秀传统文化。它注重人与自然、人与社会、人体阴阳、脏腑、气血经络等方面的平衡及调节。它主要依靠人体自身的能力，强调发挥主观能动作用，通过姿势的调整、呼吸的锻炼、意念的运用，调理和增强人体各部分机能，激发和强化人体的固有功能。中国传统体育养生在数千年漫长的历史进程中，不仅形成了独特的理论体系，也积累了一整套切实可行的实践方法。

一、松静自然

"松"指身体，"静"指心灵，"自然"是对练习者各个环节的要求，即要求姿势、呼吸、意识和精神状态都要舒展、自然。"松静自然"不仅是确保练习者取得功效的重要法则，同时也是防止练习者出现偏差的重要保障。在练习传统体育养生功法的过程中，无论行走、坐卧或站立，都要做到自然舒适，不刻意用力。例如，放松时面带微笑，动作要圆润、均匀、缓慢，这本身就是一种松静自然的状态。用意念调节时要似有似无、绵绵若存，呼吸要自然平稳，做到均匀、绵长。身心放松有利于机体内气血的自然循环，减轻机体的负担和能量消耗，降低基础代谢率；同时可以降低神经的兴奋程度，减少内外环境对大脑皮质的干扰，有利于引导大脑入静，而这是练习传统体育养生功法取得成效的必要条件之一。

二、动静相兼

"动静相兼"是指练习形式上动与静的紧密配合及合理搭配，是思想与形体的活动及安静。二者是相对应的，形动则神易静，静极又能生动。因此，在练习过程中，要做到"动中有静、静中有动"。"动中有静、静中有动"是指练习中意念要集中在动作、穴位、经络、气息的运行上，排除一切杂念，达到相对的"静"，即所谓的"动中有静"；虽然形体处于相对安静状态，但要体会体内气机的运动，如气血的流通、脏腑的活动等，此即"静中有动"。一般来说，"动"对疏通经络、调和气血、滑利关节和强健肢体有良好的功效。而"静"对平衡阴阳、调整脏腑和安定情绪等有独特的作用。只有两者结合，做到"动中有静，静中有动"，才能扬长避短、事半功倍，使身体强健，体质增强。

三、练养结合

练养结合是指将锻炼和自我调养结合起来。锻炼对增强体质、促进身心健康的作用是非常明显的。然而，只顾锻炼而不注意调养，就违背了练养结合的原则，也就达不到预期的健身效果。因此，锻炼和调养必须密切结合，才能相得益彰。

（1）练习姿势的选择：要根据自身情况，选择适合自己的功法进行练习。单就静功来说，有站式、坐式和卧式。对于身体强壮者，可选择站式，站式体力消耗大，气机发动快。而站式又有直立站式和屈膝站式两种，要根据自身的体力情况进行选择。身体较弱的练习者，可以选择坐式，坐式又分为端坐和盘坐（散盘、单盘、双盘）。对于体力较好、腿脚还能坚持单盘的练习者，可从单盘开始慢慢过渡到双盘；对于站立或坐着不方便的人，可采用卧式。

（2）练习强度的选择：尤其是动功，要根据体力情况选择适合自己的功法，不要超出能承受的范围，否则会影响身体健康。

（3）练习时间长短的选择：对于体力较差的人，适宜选择时间较短的功法。

（4）练习环境的选择：选择良好的练功环境，不仅有利于入静，而且有助于气机发动，功效显现较快。练功环境应选择地势平坦、空气清新、绿茵草坪等幽静的地方。切忌在人声喧闹、楼顶阳台、风口山坡等处练功。

四、意念练习

"练意"是指有意识地排除杂念以达到入静的练习方法。即通过一念代替万念，让意念集中于一点，即守意。守意可分为内守和外守两种。内守包括守丹田、守呼吸、守病灶，以及守全身或某一病痛处以使其放松缓解等。

1. 守丹田

守"上丹田"即两眉之间，可以促使气血上升，提高血压和心率；守"中丹田"即两乳之间，理气，可以预防和治疗心脏病及内脏下垂；守"下丹田"即肚脐与耻骨之间，能使气血下行，降低血压和心率。若与腹式呼吸结合，就能形成"气贯丹田之势"，对消化系统、呼吸系统和神经系统等均有良好的调节效果。

2. 守呼吸

守呼吸主要有数息，默数呼吸的次数；听息，细听呼吸的气流声；顺息，留意呼吸出入所引起的腹或胸的起伏。守呼吸时可以默念具有镇定作用的词语，如呼气时默念"松"，吸气时默念"放"等词语。

3. 守病灶

例如：骨畸形、错位的固定、牵引者，应想象畸形、错位在放松、伸展、复位的变化中恢复状态；急症疼痛患者应想象疼痛处松弛、致痛因素解除等。

外守则是指思想集中于自身以外的某一事物，如意守青山、浮云、鲜花等。外守要求所集中的外界事物必须是对身心健康有益的，这样才能从主客观两方面产生良性条件反射，保持良好情绪和舒畅的心情。外守的方法可以根据个人的喜好和需要选择，旨在通过与外界事物的互动来达到养生的目的。

五、循序渐进

传统体育养生功法的练习，动作虽然简单，但要熟练掌握也需要练习者通过一段时间的练习才能逐步达到。练习传统体育养生功法不能急于求成，必须做到由简到繁、循序渐进。首先，在动作、呼吸、意念的训练中要做到逐步提升；其次，在练习功效的获得上要有循序渐进的思想准备；最后，练习时间和练习强度的安排也应科学合理，练习者要根据个人的身体情况逐渐增加练习的强度和时间，不能超越自己体能的极限。

六、持之以恒

能否持久坚持，是影响练习功效的诸多因素中最容易出现却又难以克服的因素。持之以恒应该是发自练习者内心的行为。一旦练习者偏离练习法则，或操之过急，或时练时停，或试图走捷径，练习效果就会事倍功半。

第五章　体育康复保健课程教学内容

　　教学内容是指在教学过程中，师生通过互动实现教学目标所涉及的动态生成的素材和信息。它包括学校传授给学生的知识和技能、灌输的思想和观点、培养的习惯和行为等。对于保健班学生这一特殊群体，本章将从准备活动内容的选择到主体内容的多个方面进行具体阐述，包括太极拳、健身气功、室外健身行走、全民健身路径、形体修塑的健身瑜伽、形体练习、椅子操，以及体育文化的学习与欣赏。

第一节　准备活动

　　准备活动，英文为"warming－up"（意为"预热"），是指从相对静止状态过渡到运动状态的过程。它是运动前所做的一系列身体活动，目的是使身体各器官系统预先得到适当练习，逐步提高运动强度，并为各项运动的动作练习做好准备。准备活动可以有效预防伤害事故、提高运动训练效果，通常在体育课的开始阶段进行。运动前的充分准备活动可以提高中枢神经系统的兴奋性，加快大脑反应速度，增进运动中枢的协调性，提高肺通气量及心输出量，克服内脏器官的生理惰性，缩短进入工作状态的时间，从而提升课堂质量。

一、准备活动的内容和时间

　　准备活动的内容包括走、慢跑、体操及各种专项性练习。
　　准备活动时间一般为 10～15 分钟，冬季天气较冷时，可以适当延长准备活动时间。

二、徒手操练习

　　徒手操练习具体包括：①头部运动；②肩部运动；③扩胸振臂运动；④体侧运动；⑤体转运动；⑥腰部运动；⑦髋关节运动；⑧腹背运动；⑨膝关节运动；⑩腕踝运动。

三、伸展练习

（1）压肩：正对把杆半臂距离，两臂放在把杆上向前向下压，肩胸伸展，腰背呈凹形，两腿伸直（图5-1）。

（2）压前腿：左手轻扶把杆，右腿脚腕放在把杆上，两肩两胯摆正，右手三位手，指尖带动头顶往远，身体前倾90°（图5-2）。

图5-1 压肩

图5-2 压前腿

（3）压旁腿：右手扶把杆，右脚脚腕放在把杆上，两肩两胯摆正，左手指尖带动往腿的方向下腰（图5-3）。

图5-3 压旁腿

第二节　中国传统体育运动

我国传统体育文化博大精深，康复保健的内容丰富多样。练习时强调动静结合、形意相随、意气相依。

一、太极拳

2016年10月，中共中央、国务院印发的《"健康中国2030"规划纲要》明确指出：实现国民健康长寿，是国家富强、民族振兴的重要标志，也是全国各族人民的共同愿望。同时，提出要"扶持推广太极拳、健身气功等民族民俗民间传统运动项目"。以此为政策依据，国家体育总局推动实施"太极拳健康工程"。

太极拳集技术与养生为一体，以气运身、以心行气、意动形动。美国《时代》杂志称太极拳为"完美的健体运动术"，是呼吸、意识与肢体动作的完美配合，通过意念调控动作与呼吸，达到和谐统一。太极拳中的心理活动方法多样，如"意守丹田"，在练习太极拳时，要求用意聚气、用意调息，有意识地使气沉入丹田，使气在丹田积聚，全身放松、静心，排除杂念，把意识专注于体内动态，尽可能保持平静。这种特殊心理状态也称为"摄心法"。通过长期练习太极拳，可以显著改善学生的各系统功能、内脏器官状况及身体症状，生理健康的改善也能有效促进心理健康的稳定，尤其适合运动能力差、不适宜参加剧烈运动的保健班学生。

在大学体育康复保健课程教学实践中，太极拳常作为基本教学素材和技术实践内容。根据太极拳的内涵、内容和技术体系的规律与特点，一般将其技术实践分为两大类。

1. 基本功和基本动作

（1）手形：拳、掌、勾。

（2）拳法：冲拳、反冲拳、搬拳、贯拳、栽拳、撤拳、穿拳。

（3）掌法：单推掌、单按推掌、双推掌、搂掌、拦掌、平分掌、斜分掌、立云掌、平云掌、穿掌、架掌、抱掌、挑掌、劈掌、砍掌、压掌、托掌、抹掌等。

（4）手法：掤、捋、挤、按、采、刷、肘、靠。

（5）步形：弓步、仆步、虚步、丁步、侧弓步、半马步、歇步、独立步、平行步。

（6）步法：侧行步、上步、进步、跟步、退步等。

（7）腿法：蹬脚、分脚、拍脚、摆莲。

2. 套路学习

套路由多个动作按照一定的规律组合、编排而成。

二、八式太极拳

八式太极拳动作圆活连贯，由简至繁；练起来轻松自如，阴阳相合，刚柔相济，均匀缓慢，如行云流水，连绵不断。主要步形变化为连续弓步，手法动作以中国传统太极拳的正手，即掤、捋、挤、按为主线变化而成。

预备式（图5-4）：①两脚开立；②两臂前举；③屈膝按掌。

第一式：卷肱势（图5-4）。

动作要点：④转身翻手摆掌；⑤屈臂卷肱；⑥前推后拉；⑦转身翻手摆掌；⑧屈臂卷肱；⑨前推后拉。

第二式（图5-5）：左右搂膝拗步。

动作要点：①转腰摆手收脚；②上步屈臂；③搂手弓步推掌；④后坐摆脚；⑤转腰摆

手收脚；⑥上步屈臂；⑦弓步搂推。

预备　　　　　　①　　　　　　②　　　　　　③　　　　　　④

⑤　　　　　　⑥　　　　　　⑦　　　　　　⑧　　　　　　⑨

图5-4　八式太极拳　预备式、卷肱势

①　　　　　　②　　　　　　③　　　　　　④

④—⑤（过渡）　　　　⑤　　　　　　⑥　　　　　　⑦

图5-5　八式太极拳　左右搂膝拗步

第三式（图5-6）左右野马分鬃。

动作要点：①后坐转身开手；②收脚抱球；③转身上步；④弓步分靠；⑤坐腿撇脚转身；⑥收脚抱球；⑦转身上步；⑧弓步分靠。

①　　　　　　①　　　　　　②　　　　　　③　　　　　　④

⑤　　　　⑤-⑥（过渡动作）　　　⑥　　　　　　⑦　　　　　　⑧

图5-6　八式太极拳　左右野马分鬃

第四式（图5-7）云手。

动作要点：①摆手翻掌；②转身左云；③翻手收脚；④转身右云；⑤翻手出腿；⑥转身左云侧翻掌；⑦转身右云；⑧翻掌收腿；⑨转身左云；⑩翻掌出腿。

第五式（图5-8）左右金鸡独立。

动作要点：①坐腿转腰落手；②提右脚独立挑掌；③落脚落手；④提左脚独立挑掌，方向正前方。

第六式（图5-9）蹬脚。

动作要点：①落脚抱手；②提右膝抱手；③分手蹬脚；④落脚抱手；⑤提左膝抱手；⑥分手蹬脚。

第七式（图5-10）左右揽雀尾。

动作要点：①转身上步右弓步前掤；②提左手旋臂后坐下捋；③转身后捋回转搭手；④弓步前挤，抹掌后坐；⑤弓步（平分）下按前推；⑥转身分手扣脚收脚抱球；⑦转身上步弓步前掤；⑧提右手旋臂后坐下捋；⑨转身后捋回转搭手；⑩弓步前挤，抹掌后坐；⑪弓步（平分）下按前推；⑫至⑳动作方向相反。

①　　　　　　②　　　　　　③　　　　　　④

⑤　　　　　　⑥　　　　　　⑦

⑧　　　　　　⑨　　　　　　⑩

图 5-7　八式太极拳　云手

①　　　　　　②　　　　　　③　　　　　　④

图 5-8　八式太极拳　左右金鸡独立

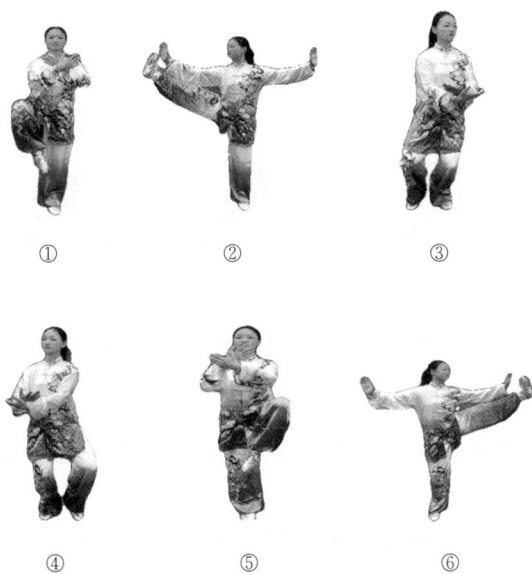

①   ②   ③

④   ⑤   ⑥

图 5-9   八式太极拳   蹬脚

①   ②   ③   ④   ⑤

⑥   ⑦   ⑧   ⑨   ⑩

⑪   ⑫   ⑬   ⑭   ⑮

⑯ ⑰ ⑱ ⑲ ⑳

图 5-10 八式太极拳 左右揽雀尾

第八式（图 5-11）十字手、收式。

十字手动作要点：①坐腿扣脚转身摆臂分手；②坐腿落手交叉抱右脚尖回扣；③收脚开立举抱（胸前）。

收式（图 5-11）：④翻掌分手，垂臂落手；⑤并步还原。

① ② ③

④ ⑤

图 5-11 八式太极拳 十字手、收式

三、健身气功——易筋经

易筋经，即"健身气功·易筋经"。"易"的含义是移动、活动、改变，隐含增强之意；"筋"泛指肌肉筋骨；"经"指常道、规范、方法。"易筋经"即通过活动肌肉、筋骨，使练习者变得强壮有力，以增进健康、祛病延年的一种养生健身方法。它以劳动时的各种动作为基本形态，活动以形体屈伸、俯仰、扭转为特点，达到"伸筋拔骨"的锻炼效果。

1. 练习方法

练习易筋经时通常有两种方法。

第一种：在做每个动作时，要求姿势保持一定的时间，直至肌肉酸胀难忍时方停止，休息2～3分钟后再做其他动作。

第二种：强调动静结合、松紧结合，即配合呼吸、意念，动则全身用力，静则全身放松。

易筋经练习的动作要领：心意平和，意守丹田，舌抵上腭，呼吸均匀缓慢，松静结合，刚柔并济，身体自然放松，动作随意而行，不得紧张、僵硬。

2. 易筋经功法名称

起式。

第一式：韦驮献杵第一势。

第二式：韦驮献杵第二势。

第三式：韦驮献杵第三势。

第四式：摘星换斗势。

第五式：倒拽九牛尾势。

第六式：出爪亮翅势。

第七式：九鬼拔马刀势。

第八式：三盘落地势。

第九式：青龙探爪势。

第十式：卧虎扑食势。

第十一式：打躬势。

第十二式：掉尾势。

收式。

3. 易筋经功法特点及体育康复功效

（1）动作舒展，伸筋拔骨：易筋经功法中的每一势动作，不论是上肢、下肢还是躯干，都要求练习者有较充分的屈伸、外展内收、扭转身体等动作，从而使人体的骨骼及大小关节在传统定势动作的基础上，尽可能地呈现多方位和广角度的活动。

（2）柔和匀称，协调美观：易筋经功法是在传统"易筋经十二定势"动作的基础上进行改编，增加了动作之间的连接，每势动作变化过程清晰、柔和。

（3）屈伸旋转，脊柱挺拔：脊柱是人体的支柱，由椎骨、韧带、脊髓等组成，具有支撑体重、运动和保护脊髓及其神经根的作用。

易筋经以其架势、意守部位、调息次数等变化，适用于不同人群的健身锻炼。长期练习对改善心血管系统、呼吸系统、消化系统的机能，提高平衡能力、柔韧性及肌肉力量有良好效果，有助于缓解焦虑和抑郁。

四、健身气功——八段锦

八段锦是我国民间流传的一套健身防病导引法。八段锦功法简短易学且效果良好，不受时间、地点限制，容易推广。长期坚持练习八段锦有利于增强肌肉力量，防止不良姿势和腰背疼痛，从而达到增强体质、防治疾病的效果。八段锦由八个动作组成，即"两手托天理三焦，左右开弓似射雕，调理脾胃须单举，五劳七伤向后瞧，摇头摆尾去心火，两手攀足固肾腰，攒拳怒目增气力，背后七颠百病消"。

(一)"八段锦"动作要点与功效

预备式：两脚并步站立；两臂自然垂于体侧；身体中正，目视前方。

动作要点：头向上顶，下颌微收，舌抵上腭，双唇轻闭；沉肩坠肘，腋下虚掩；胸部舒展，腹部松沉；收髋敛臀，上体中正；呼吸徐缓，气沉丹田，调息6～9次。

功能与作用：宁静心神，调整呼吸，内养脏腑，端正身形，从精神与肢体上做好练功前的准备。

1. 两手托天理三焦

动作要点：两掌上托时身体三焦展开，略有停顿，保持伸直；两掌下落时，松腰沉髋，沉肩坠肘，松腕舒指，上体保持中正。

功理与作用：通过两手交叉上托，缓缓用力，保持伸展，可使"三焦"通畅、气血调和；通过拉长躯干与上肢各关节周围的肌肉、韧带及关节软组织，对防治肩部疾患、预防颈椎病等具有良好的作用。

2. 左右开弓似射雕

动作要点：侧拉之手五指并拢屈紧，肩臂放平；侧撑八字掌时，沉肩坠肘，屈腕竖指，掌心含空。

功效：展肩扩胸，可刺激督脉和背部俞穴；同时刺激手三阴三阳经脉，可调节手太阴肺经和大肠经之气；可有效发展下肢肌肉力量，提高平衡能力和协调性；同时，增强前臂和手部肌肉的力量，提高手腕及指关节的灵活性；有助于矫正不良姿势，如驼背和圆肩，预防肩、颈部疾病等。

3. 调理脾胃须单举

动作要点：力达掌根，上撑下压，舒展胸体，伸长腰脊。

功效：通过左右上肢一松一紧的上下对拉，可以牵拉腹腔，对中焦脾胃和肝胆起到按摩作用；同时可以刺激位于腹、胸肋部的相关经络及背部俞穴等，达到调理脾胃、肝胆和脏腑经络的效果；可使脊柱内各椎骨的小关节及小肌肉得到锻炼，增强脊柱的灵活性与稳定性。

4. 五劳七伤向后瞧

动作要点：头向上顶，肩向下沉；转头不转体，旋臂，两肩后张。

功效：通过整个脊柱的尽量扭转旋转，眼睛往后看，具有调整中枢神经系统的功能；颈部的扭转有助于活络颈椎，松弛颈部肌肉，有益于心肺两脏；腰部的扭转具有强腰健肾，调理脾胃的作用，可消除疲劳，健脑安神，调整脏腑功能，防治颈肩酸痛。

5. 摇头摆尾去心火

动作要点：马步下蹲要收髋敛臀，上体中正；摇转时，颈部与尾闾对拉伸长，好似两个轴在相对运转，速度应柔和缓慢，动作圆润连贯。

功效：这种全身运动主要通过头顶百会穴到盆底会阴穴的中脉运动，主要作用是降低中枢神经系统的兴奋性，从而静心宁神，针对交感神经兴奋性增高的一类"心火上炎"性病症。

6. 两手攀足固肾腰

动作要点：反穿摩运要适当用力，至足背时松腰沉肩，两膝挺直，向上起身时手臂主动上举，带动上体立起。

功效：通过前屈后伸可刺激脊柱、督脉以及命门、阳关、委中等穴位，有助于防治生殖泌尿系统方面的慢性病，达到固肾壮腰的作用；通过脊柱大幅度前屈和后伸，可有效发展躯干前、后肌群的力量与伸展性，同时对肾脏有良好的牵拉和按摩作用，可以改善其功能、刺激其活动。

7. 攒拳怒目增气力

动作要点：马步的高低可根据自己的腿部力量灵活掌握；冲拳时要怒目瞪眼，注视冲出之拳，同时脚趾抓地、拧腰顺肩、力达拳面；拳回收时要旋腕，五指用力抓握。

功效："怒目瞪眼"可刺激肝经，使肝血充盈，肝气疏泄，有强健筋骨的作用；两腿下蹲十趾抓地、双手攒拳、旋腕、手指逐节强力抓握等动作，可刺激手、足三阴三阳十二经脉的腧穴和督脉等；同时，使全身肌肉、筋脉受到静力牵张刺激，长期锻炼可使全身筋肉结实、气力增加。

8. 背后七颠百病消

动作要点：上提时脚趾要抓地，脚跟尽力抬起，两腿并拢，百会穴上顶，略有停顿，要掌握好平衡；脚跟下落时，咬牙，轻震地面，动作不要过急；沉肩舒臂，周身放松。

功效：脚趾为足三阴、足三阳经交会之处，脚十趾抓地，可刺激足部相关经络，调节相应脏腑的功能；同时，颠足可刺激脊柱与督脉，使全身脏腑经络气血通畅，阴阳平衡。落地震动可轻度刺激下肢及脊柱各关节外部结构，并使全身肌肉得到放松复位，有助于缓解肌肉紧张。踮脚而立可锻炼小腿后部肌群，拉长足底肌肉、韧带，提高人体平衡能力。

9. 收式

动作要点：两臂内旋，向两侧摆起，与髋同高，掌心向后；目视前方；两臂屈肘，两掌相叠置于丹田处（男性左手在内，女性右手在内）；目视前方。

（二）注意事项

练习八段锦时应尽量采用腹式呼吸，呼吸均匀、自然、平稳；意守丹田，精神放松，注意力集中于脐部；刚柔相济，全身放松，用力轻缓，切不可用猛力。每段可做 3～5 遍，每日 1～2 次。

五、健身气功——六字诀

健身气功六字诀基于"嘘、呵、呼、呬、吹、嘻"六个字的发声吐气，每个字诀配合简单的导引动作，加上起式和收式，简单易学，适合各年龄段和体弱者练习。其强调"以形导气""意随气行"，无复杂的意念或高难度动作。

（一）六字诀的发音要点

（1）"嘘"字吐气法：发声时嘴角后引，槽牙平对，中留缝隙，气从槽牙间和舌两边空隙呼出。

（2）"呵"字吐气法：舌体上拱，舌边轻贴槽牙，气从舌与上腭间吐出。

（3）"呼"字吐气法：舌两侧上卷，口唇撮圆，气从喉发出，经口唇呼出。

（4）"呬"字吐气法：门牙对齐，留狭缝，舌尖轻抵下齿，气从齿间呼出。

（5）"吹"字吐气法：舌体、嘴角后引，槽牙相对，两唇拉开收紧，气从舌两边绕过舌下，经唇间呼出。

（6）"嘻"字吐气法：舌尖轻抵下齿，嘴角后引上翘，槽牙轻轻咬合，气从槽牙旁边的空隙呼出。

（二）六字诀配合动作与功用

1. "嘘"字诀

（1）中医认为，六字诀"嘘"字诀与肝相应。口吐"嘘"字具有泄出肝之浊气、调理肝脏功能的作用；同时，配合两目圆睁，可起到疏肝明目的功效。

（2）掌心向上，从腰间向对侧穿出，一左一右，交替练习，外导内行，使肝气升发，气血调和。

（3）身体的左右旋转，使腰部及腹内组织器官得到锻炼，不仅能提高腰膝功能及消化功能，而且还能使人体的带脉——环腰一周、如腰束带，是全身二十部经脉中唯一一条横行经脉，在人体中具有约束其他经脉的作用——得到疏通与调节，使全身气机得以顺利升降。

2. "呵"字诀

（1）中医认为，"呵"字诀与心相应。口吐"呵"字具有泄除心之浊气、调理心脏功能的作用。

（2）通过捧掌上升、翻掌下插，外导内行，使肾水上升，以制心火；心火下降，以温肾水，达到心肾相交、水火既济，调理心肾功能的目的。

（3）两掌的捧、翻、插、拨动作，以及肩、肘、腕、指各个关节柔和连续地屈伸、旋转运动，锻炼了上肢关节的柔韧性、协调性，有助于防治上肢骨关节退化等病症。

3. "呼"字诀

（1）中医认为，"呼"字诀与脾脏相应。口吐"呼"字具有泄出脾胃之浊气、调理脾胃功能的作用。

（2）通过两掌与肚脐之间的开合，外导内行，使整个腹腔形成较大幅度的舒缩运动，具有促进肠胃蠕动、健脾和胃、消食导滞的作用。

4. "呬"字诀

（1）中医认为，"呬"字诀与肺相应。口吐"呬"字具有泄出肺之浊气、调理肺脏功能的作用。

（2）通过展肩扩胸、藏头缩项的锻炼，使吸入的大自然之清气布满胸腔；同时小腹内收，使丹田之气也上升至胸中。先天、后天二气在胸中会合，具有锻炼肺部呼吸功能，促进气血在肺内充分融合并进行气体交换的作用。

（3）立掌展肩与松肩推掌，可以刺激颈项、肩背部周围的穴位，并能有效缓解颈、肩、背部的肌肉和关节疲劳，防治颈椎病、肩周炎和背部肌肉劳损等病症。

5. "吹"字诀

（1）中医认为，"吹"字诀与肾相应。口吐"吹"字具有泄出肾之浊气、调理肾脏功能的作用。

（2）"腰为肾之府"，肾位于腰部脊柱两侧。腰部功能的强弱与肾气的盛衰息息相关。"吹"字诀通过双手对腰腹部的按摩，具有壮腰健肾、增强肾功能和预防衰老的作用。

6. "嘻"字诀

（1）中医认为，"嘻"字诀与少阳三焦之气相应。口吐"嘻"字有疏通少阳经脉、调和全身气血的作用。

（2）通过提手、分掌、外开、上举和内合、下按、松垂、外开，分别可以起到升发与肃降全身气机的作用。二者相辅相成，共同达到调和全身气血的功效。

每个字诀可做 6 遍，每日 1～2 次。

六、健身气功——五禽戏

五禽戏是东汉名医华佗参照虎、鹿、熊、猿、鸟五种动物的动作编成的一套"仿生式"导引术，旨在活动筋骨、疏通气血、防病治病、健身延年。五禽戏的运动负荷较太极拳大，常用于外伤引起的关节功能障碍、慢性关节疾病、慢性腰痛等。练习时，可针对某些特定疾病选用其中的相应动作。

练习"五禽戏"必须把握好"形、神、意、气"四个环节。练习时，躯体要放松，情绪要轻松乐观，呼吸要平静自然，最好能够逐步进入"五禽"的意境；采用腹式呼吸，均匀和缓，口要闭合，舌尖轻抵上腭；吸气时用鼻，呼气时用嘴。练习时，要排除杂念，精神专注，根据各姿势意守要求，将意念集中于意守部位，以保证意气相随。

（一）预备式

起势调息，归心入静，有利于平复心境。

（二）虎戏

手形为"虎爪"。虎爪，五指张开，虎口撑圆，第一二指关节弯曲内扣。"虎戏"要体现虎的威猛，神发于目，即"虎视眈眈"。威生于爪，伸缩有力，讲究神威并重、气势凌人。动作变化要做到刚中有柔、柔中生刚，外刚内柔，刚柔并济，具有动如雷霆无阻挡、静如泰山不可摇的气势。

1. 第一式：虎举

两掌举起吸入清气；两掌下按呼出浊气。一升一降，疏通三焦气机，调理三焦功能。手成"虎爪"变拳，可增强握力，改善上肢远端关节的血液循环。

2. 第二式：虎扑

虎扑动作形成了脊柱的前后伸展折叠运动，尤其是引腰前伸，增加了脊柱各关节的柔韧性和伸展度，可使脊柱保持正常的生理弧度。脊柱运动能增强腰部肌肉力量，对腰部的疾病，如腰肌劳损、习惯性腰扭伤等症状具有防治作用。督脉循行于背部正中，任脉循行于腹部正中。脊柱向前后伸展折叠，牵动任、督两脉，起到调理阴阳、疏通经络、促进气血运行的作用。

（三）鹿戏

手形为"鹿角"。鹿角，拇指伸直外张，食指、小指伸直，中指、无名指弯曲内扣。鹿喜挺身眺望，好角抵，运转尾闾，善奔走，通任、督二脉。练习时动作要轻盈舒展，神态要安静娴雅，仿佛置身于一望无际的草原上。

1. 第一式：鹿抵

腰部的侧屈拧转使整个脊椎充分旋转，可增强腰部肌肉力量，减少腰部脂肪沉积。目视后脚脚跟，加大腰部在拧转时的侧屈程度，可防治腰部疼痛。中医认为"腰为肾之府"，尾闾运转可起到强腰补肾、强筋健骨的功效。

2. 第二式：鹿奔

臂内旋前伸，肩、背部肌肉得到牵拉，对颈肩综合征、肩关节周围炎等症有预防和治疗作用。躯干弓背收腹，能矫正脊柱畸形，增强腰、背部肌肉力量。向前落步时气引丹田，身体重心向后坐时，气运命门，加强了人体先天与后天之气的交流。尤其是重心后坐，整条脊柱后弯，内夹尾闾，后凸命门，打开大椎，有利于疏通督脉经气，具有增强全身阳气的作用。

（四）熊戏

手形为"熊掌"：拇指压在食指指端上，其余四指并拢弯曲，虎口撑圆。"熊戏"要表现熊的憨厚沉稳、松静自然的神态。练习时讲究运势外阴内阳、外动内静、外刚内柔，以意领气、气沉丹田。行步外观笨重，其实笨中生灵，蕴含内劲，沉稳之中显灵敏。

1. 第一式：熊运

活动腰部关节和肌肉，可防治腰肌劳损及软组织损伤。腰腹转动，两掌画圆，引导内气运行，可增强脾、胃的运化功能。用腰、腹摇晃，对消化器官进行体内按摩，可防治消化不良、腹胀滞气、便秘和腹泻等症。

2. 第二式：熊晃

身体左右晃动，重在两胁，调理肝脾。提髋行走，加上脚步的微颤，可增强髋关节周围肌肉的力量，提高平衡能力，有助于防治下肢无力、髋关节损伤和膝关节疼痛等。

（五）猿戏

猿生性好动，机智灵敏，善于纵跳、攀树、躲闪，永不疲倦。练习"猿戏"时，外练肢体的轻灵敏捷，欲动则如疾风闪电、迅敏机警；内练精神的宁静，欲静则似静月凌空，万籁无声，从而达到"外动内静""动静结合"的境界。

1. 第一式：猿提

手形为"猿钩"，五指第一指腹捏拢，屈腕。"猿钩"的快速变化，意在增强神经–肌肉反应的灵敏性。两掌上提时，缩颈耸肩、团胸、吸气，挤压胸腔和颈部血管；两掌下按时，伸颈、沉肩、松腹，扩大胸腔体积，可增强呼吸，按摩心脏，改善脑部供血。提踵直立，可增强腿部力量，提高平衡能力。

2. 第二式：猿摘

眼神的左顾右盼，有助于颈部运动，促进脑部血液循环。动作的多样性体现了神经系统与肢体运动的协调性，模拟猿猴采摘桃果时的愉悦心情，可减轻大脑神经系统的紧张程度，对神经紧张、精神忧郁等症状具有防治作用。

（六）鸟戏

"鸟戏"取形于"鹤"。"鹤"是轻盈安详的鸟类，人们往往以它来寓意健康长寿。练习"鸟戏"时，要注意表现鹤的昂然挺拔、悠然自得的神韵，仿效鹤翅飞翔、张合开闭。两臂上提时要伸颈运腰、真气上引，两臂下合时则含胸松腹，气沉丹田，从而达到活跃周身经络、灵活四肢关节的健身效果。

1. 第一式：鸟伸

手形为"鸟翅"。鸟翅，五指伸直，拇指、食指、小指向上翘起，无名指、中指并拢向下。两掌上举，吸气，扩展胸腔；两手下按，气沉丹田，呼出浊气。此动作可加强肺的吐故纳新，增大肺活量，改善慢性支气管炎、肺气肿等病的症状。两掌上举，作用于大椎和尾闾，督脉得到牵动；两掌后摆，身体成反弓状，任脉得到拉伸。这种松紧交替的练习方法，可有效增强疏通任、督二脉经气的作用。

2. 第二式：鸟飞

两臂的上下运动可改变胸腔容积，若配合呼吸运动，可起到按摩心肺的作用，增强血氧交换能力。拇指、食指的上翘和紧绷意在刺激手太阴肺经，加强肺经经气的流通，提高心肺功能。屈膝独立可提高人体平衡能力。

（七）引气归元（收式）

使气息逐渐平和，意在将练功时所得体内、体外之气，导引归入丹田，起到养气血、通经络、理脏腑的功效。

第三节　户外运动

一、健身走运动

在《"健康中国2030"规划纲要》的发布和实施过程中，全民健身备受社会广泛关注，越来越多的人跟随潮流，参与到其中。健身走运动的出现，拓展了人们运动锻炼的形式，弥补了定时、定场地不便的缺点，解除了主观上需要参与者具有一定理论知识和运动技能的限制；解决了客观上人们因无经济条件、无空余时间及场地、器材缺乏等条件限制的问题，只要想锻炼，随时随地都可以实现。人们的健身活动更加便利，符合大多数人锻炼的主客观条件。随着《"健康中国2030"规划纲要》的深入贯彻和落实，健身走作为一种简单、有效的健身方法，成为大众健身项目中最为普及的锻炼方式之一。

（一）健身走运动的起源与发展

健身走起源于欧洲，目前该运动已风靡全球。早期的健身走多采用"手杖行走"，其特点是在散步时使用类似滑雪杖的手杖，以大步行进的方式进行锻炼。随着时间的推移，人们趋向于更简化的徒步健身方式。健身走因此成为一种简单、易行、安全的有氧健身运动。

随着全民健身运动的普及，近年来，我国的健身走运动已发展为一种多元化的运动方式。公园、风景区、湖边等空气清新、场地开阔的地方，是健身走运动者锻炼的最佳场所，让人们从室内走向户外，回归大自然。其涉及领域广泛，包括社交、健身、寻找自身价值或是寻求一种集体归属感。此外，健身步道的建立，增加了运动群体参与锻炼的机会和途径。健身走运动以其较高的普及度和参与度，成为大众主要健身方式之一。

（二）健身走运动的特点

健身走运动作为一种普及度较高的体育活动，具有以下鲜明的特点。

1. 经济性

健身走不需要昂贵的装备或特殊的场地，基本只需要一双合适的运动鞋。它适合各种经济状况的人群，无需支付健身房会员费或其他额外费用。

2. 环保性

健身走减少了人们对汽车等交通工具的依赖，有助于减少温室气体排放和空气污染。作为一种绿色出行方式，它鼓励人们减少化石燃料的消耗，促进环境的可持续发展。

3. 自然性

健身走让人们有机会更多地接触自然，享受户外环境带来的身心益处。它是一种简单易行的方式，让人们在运动的同时，能够体验并欣赏自然环境。

4. 健康性

健身走有助于提高人体心肺功能，增强心血管健康，对预防多种慢性疾病具有积极作用。规律的健身走可以改善情绪、减轻压力，提高睡眠质量。

5. 社交性

健身走可以是一种社交活动，家人、朋友或同事可以一起参与，增进感情。它也可以作为社区活动的一部分，促进邻里间的交流和团结。

6. 灵活性

健身走可以根据个人的日程和偏好灵活安排，无论是白天还是夜晚。路线选择也可以根据个人喜好，可以在公园、河边、山地或城市街道进行。

7. 安全性

对于大多数人来说，健身走是一种低风险的运动，适合各个年龄段和身体状况的人。

8. 易于坚持

由于健身走的运动强度较低，因此更容易成为人们长期坚持的习惯。

（三）健身走运动的技术要求

1. 正确的身体姿势

保持头部直立、目光向前，有助于保持良好的平衡和减轻颈部压力。肩膀应放松，不要耸肩，以避免不必要的紧张和疲劳。

2. 肢体摆动

手臂应与步行速度相协调，前后自然摆动，不要过分横向摆动。手部应保持自然弯曲，轻轻握拳或放松手指。

3. 步态和步幅

步态应均匀且有节奏，避免步子过重或拖沓；步幅应适中，过大的步幅可能导致关节和肌肉的过度负担。

4. 速度和时间

根据个人体能和健康状况调整速度，避免过度劳累。锻炼时间推荐在 30～60 分钟，可根据个人适应情况逐渐增加。

5. 呼吸技巧

通过鼻子深呼吸，保持呼吸均匀，有助于提高运动效率和耐力。

6. 地面接触

脚跟先着地，然后平稳过渡到前脚掌，最后用脚尖蹬地，这样可以减少冲击并提高步频效率。

7. 适宜的锻炼时间

早晨锻炼是许多人的选择，但应避免过早锻炼，以免气温过低或空腹引发不适。

8. 锻炼环境

选择空气质量好、交通流量小、地面平坦的地点进行健身走。

（四）健身走的作用与价值

健身走作为一种低冲击、易于实施的有氧运动，确实具有多方面的积极作用和价值。

1. 生理影响

（1）神经系统：健身走可以提高神经系统的反应速度和协调性，有助于提升大脑的指挥能力。

（2）血液循环：增强心脏功能，提高血液循环效率，有助于预防心血管疾病。

（3）呼吸系统：增加肺活量，提高呼吸效率，改善氧气的摄取和二氧化碳的排出。

2. 心理健康

（1）情绪调节：户外健身走可以改善情绪，减轻压力和焦虑，愉悦心情。

（2）心理韧性：有助于培养坚强的意志和良好的心理承受能力。

3. 社会适应能力

（1）社交互动：作为一种社交活动，健身走可以增进人际关系和社会交往。

（2）环境适应：通过健身走运动，可以提高人们对外界变化的适应能力与自信心。

4. 环境和文化价值

（1）环境友好：作为一种环保的运动方式，健身走有助于减少污染和促进绿色生活模式。

（2）文化体验：在具有历史文化意义的地方健身走，可以增进人们对当地文化和环境的认识和尊重。

5. 健康促进

（1）慢性病预防：长期坚持健身走有助于预防和控制高血压、糖尿病等慢性疾病。

（2）体重管理：作为一种消耗热量的方式，健身走有助于控制体重和减肥。

健身走不仅是一种有效的身体锻炼方式，也是一种生活态度，有助于提高生活质量和健康水平。通过在社区和公共场所建立更多的健身步道和设施，可以鼓励更多人参与到这项运动中来，共同享受健身走带来的益处。

二、全民健身路径

健身路径兴起于 20 世纪 80 年代欧美经济发达国家，多设在环境较好的公园、绿地、河边等处，每隔一段距离安装一种运动器械，各种器械之间由小路相连。在每种器械旁设有标牌，写明这种器械的名称、锻炼方法、主要功能、安全注意事项等，有的还标有动作图示、锻炼时的热量消耗及评分标准。

"全民健身路径"由多种健身器械科学排列组成，是近年来在我国兴起的一种全民健身活动设施。全民健身路径占地小、投资少，简便易建，因地制宜，一般设在空气新鲜、环境优雅、绿树成荫的相对安静的区域。由于是露天设施，对周边群众免费开放，方便自由、功能多样，可吸引大批群众参与。我国最早的健身路径建于 1996 年 9 月，位于广州市天河体育中心。截至 2025 年初，我国已建成 1100 万个全民健身路径。随着技术的进步，一些健身路径开始融入智能元素，如智能健身器材、运动数据监测等，以提供更加个性化的锻炼体验。为便于学生自主锻炼，高校引入户外健身器材，为学生提供了自主锻炼的便利，促进了学生身体健康和体育文化的发展。

（一）器械配置

全民健身路径上的器械种类丰富，包括但不限于拉伸器、扭腰器、漫步机、椭圆机、俯卧撑架等，满足不同的锻炼需求（图 5-12）。

图 5-12　部分健身路径器械图

（二）常见健身路径器械的使用方法与功能

1. 太空漫步器

（1）使用方法：双手握把，两脚分踏于两个踏板上，作自然交替摆动，进行漫步动作。

（2）功能：通过下肢运动，增强心肺功能，提高心血管耐力。

2. 太极云手

（1）使用方法：面对双盘，两腿左右开立成马步，将两手张开五指，同掌心一起贴在圆盘边沿处，双臂作左右、内外方向转动圆盘，同时，双腿作左右弓步运动。

（2）功能：通过活动能够增强上下肢各关节部位的肌肉和韧带的弹性，提高活动能力，并对手掌的穴位起到按摩作用。

3. 上肢牵引器

（1）使用方法：双手分别握住两个手柄，左右交替、上下拉伸，上肢应尽量伸直。

（2）功能：锻炼手腕和手臂肌肉，促进上肢灵活性。

4. 扭腰器

（1）使用方法：双手分别握住两个手柄，左右交替、上下拉伸，上肢应尽量伸直。

（2）主要功能：增强腰部、腹部肌肉力量，改善腰椎及髋关节柔韧性、灵活性，利于健美体形。较大幅度的转腰活动能使腰部肌肉牵张放松，起到通经活络促进气血畅通、强腰固肾作用，适用于腰部活动障碍、体弱肾虚、腰肌劳损及周身疲乏等症。

5. 压腿杠

（1）使用方法：单腿先将足跟搁于横杠上，腿伸直，然后用手轻压膝部，上体向前弯曲，尽量使头部靠近腿。

（2）功能：拉伸腿部和腰部关节的肌肉、韧带，以改善其弹性，增强身体的柔韧素质。

6. 腰力锻炼器

（1）使用方法：双手紧握手柄，同时双脚踩动踏板做往返运动。老年人若感觉阻力较大，应停止运动。

（2）功能：能增强腰腹部肌力，增强上、下肢肌肉，还可放松肩部及颈部肌肉。

7. 双人大力转轮

（1）使用方法：双手握紧转轮手柄，同时按顺时针或逆时针方向转动。该器械适合年轻人使用。

（2）功能：锻炼上肢肌肉，增强肩关节柔韧性与灵活性。

8. 跑步器

（1）使用方法：上、下肢配合做跑步动作，一般需要持续 15~30 分钟，方能达到有氧运动锻炼的效果。心脑血管疾病患者应遵医嘱进行锻炼。

（2）功能：通过在跑步器上持续地模拟跑动，能够有效提高心肺功能和增强两腿的肌力。

9. 蹬力器

（1）使用方法：人坐于吊椅中，两脚屈膝蹬横杠，使吊椅向后上方升起，随即伸直膝盖，接着屈膝使吊椅摆回，如此反复运动。

（2）功能：通过锻炼可增强双腿的肌力。

10. 单杠

（1）功能：锻炼双臂及肩背部肌力。

（2）方法：双肩悬垂做引体向上，用腿腰挺起和举腿收腹。力量素质较好者可做水平悬垂。老年人不宜使用。

这些器械通常设计得易于使用，且可以针对不同的身体部位提供适度的锻炼。对于刚开始锻炼的人来说，重要的是从低强度开始，逐渐增加运动量，并在锻炼过程中注意身体的感受，以避免过度劳累或受伤。为了更好地引导人们科学合理地使用全民健身路径，体育总局联合有关体育、健身、医学等方面的专家，对健身路径的健身方法进行了研究，并组织编写了《"全民健身路径"锻炼指南》，不仅对全民健身路径的概念、发展状况和作用进行了阐述，而且根据身体素质的不同对健身路径器械、功效、锻炼方法、注意事项等进行了介绍，图文并茂、通俗易懂，解决了人们在锻炼中面临的问题。

三、气排球

气排球运动是排球运动的一个衍生项目。该运动起源于我国，运动开展已有 40 多年，2017 年成为全运会正式比赛项目。2024 年，气排球被列入全国全民健身大赛项目。这项运动的兴起和发展是我国对世界体育事业的一大贡献。气排球活动难度不大，上手技术要求不高，不伤手指，安全性较高，适合保健班学生学习。根据保健班特点，下面介绍一些气排球特色接球技术及传球技术。

（一）气排球特色接球技术

气排球特色接球技术是指为了应对气排球飞行飘晃而使用的、区别于室内排球的接球技术。由于气排球体积大、重量轻，球在空中飞行的速度较慢，因此特别容易受到气流的影响，飞行过程中的气排球重心非常不稳定。在长期的实践过程中，气排球运动者发现，可以通过加大击球面积来改善气排球稳定性差的情况，于是发明了插托（搬挡）球、抱球、捧球、单手托球等技术动作。

气排球特色手法的运用，有效地解决了接球时球体不稳定的问题。但要注意，这些接球手法只能用于气排球，不可在室内排球中使用。

1. 插托（搬挡）球

双手插托球又名搬挡球，是面对来球时在腹部前的左（右）侧或中部托送击球的一种击球动作。其特点是：一只手掌心朝上、五指朝前，另一只手掌心朝前、五指朝侧，两手在球的后下方形成一个与球相吻合的弧形。该动作用于接发球和接各种攻击过网的球，是气排球有球技术中的一项特色技术。

插托（搬挡）球的动作方法如下：

（1）准备姿势。根据来球的方向、速度、弧线及落点，采用不同的准备姿势。

（2）迎球动作和击球手形。左托球时，球从左边来，右脚内侧蹬地；左脚向左跨出一步，重心移至左脚，膝盖弯曲，上身稍向左倾斜，左肩略低于右肩，左手五指张开，掌心向前，迅速将手插到球的下部，手掌呈勺形，手指指根触球的下部，阻挡球向下飞，同时右手五指张开，在来球的后上方按压着球体并控制球的方向。中托球时，球从中部来，即为追胸球，左手或右手在上，另一只手在下，两肘关节适当内收，两手呈勺形，以确保将球托送到位。右托球与左托球动作相同，只是手脚动作方向相反。

（3）击球部位和击球动作。在正确迎球手形基础上，当手和球接触瞬间，手掌和手指要有顺势向下的缓冲动作。击球时，托球的手掌、手指在球体重心的后下方拨动发力，使球向前上方送出。护在球后上方的手向前上方推顶球，利用形成的合力将球传出。

2. 抱球

抱球技术是气排球中一种重要的接球技巧，特别适用于处理离身体较远或低空飞来的球。

（1）动作分类。①抬臂抱球：主要依靠抬臂的力量来接球。②抖腕抱球：主要依靠手指和手腕的抖动力量来接住球。

（2）动作方法。①准备姿势。面对来球，两脚开立，与肩同宽。根据来球的速度和力量，采取半蹲或微蹲姿势。②迎球动作和击球手型。抬臂抱球：两肘自然弯曲，置于身体两侧，五指张开，两手掌相对，大拇指朝上，形成一个弧形以抱住球的两侧；抖腕抱球：两肘弯曲并向外伸展，手腕略紧张，大拇指朝前，其他手指朝下，五指张开呈弧形。③击球部位和击球动作。用食指、中指和无名指击打球的两侧。双手大拇指位于球的上部两侧，小手指托在球的侧下部。抖腕抱球：在击球瞬间，主要利用手指和手腕的抖动力量；抬臂抱球：在接触球的瞬间，主要依靠抬臂的动作。④击球点：击球点应在腰腹部位附近，以便控制球的方向和力度。

（3）注意事项。①在执行抱球技术时，要注意身体的协调性和手臂的伸展，确保能够稳妥地接住球。②根据来球的不同情况，灵活选择抬臂抱球或抖腕抱球，以达到最佳的接球效果。③练习时，要注重手腕和手指的力量训练，以增强接球的稳定性和准确性。

3. 捧球

捧球技术是气排球中一种重要的接球技巧，特别适用于处理速度较快或较慢的来球。

（1）动作特点。手心朝上，双手十指张开且向前，形成一个半球形。

（2）动作方法。①准备姿势：面对来球，两脚分开与肩同宽；根据来球的速度和力量，选择蹲或稍蹲姿势站立；两肘自然弯曲，上臂与前臂夹角约为 $90°$，置于腰部两侧。②击球手形：来球时，双手掌心向上，手指张开，十指朝前，形成半球形；手指、手腕与前臂基本形成一个平面。③击球部位：在腰腹前或腰腹以下，以全手掌击打球的下部。④击球动作和击球点：捧球时，上臂夹紧，手指、手腕与前臂在同一平面上；靠手指、手腕与前臂上托的瞬间发力将球击出，动作幅度较小。

（3）注意事项。①在执行捧球技术时，要注意身体的协调性和手臂的伸展，确保能够稳定地接住球；②根据来球的不同情况，灵活调整手型和击球部位，以达到最佳的接球效果；③练习时，要注重手腕和手指的力量训练，以提高接球的稳定性和准确性。

4. 单手托球

单手托球技术是气排球中一种高效的接球方式，尤其适用于快速反应和对球的掌控。

（1）动作要点。①击球手型和击球部位：手掌心向上，五指张开并向前，形成一个弧形；用全手掌触击球的下部，确保稳定接触。②手臂和手腕的动作幅度：动作幅度应根据来球的力量和击球目标点进行调整。③击球动作：击球瞬间，手要快速插入球底部；手指、手腕与前臂要保持一定紧张度，以便更好地控制球的方向和力度；④用力大小和动作幅度的控制：根据来球的力量和目标点位置，调整用力大小和动作幅度。

（2）注意事项。①单手托球要求运动员具有较高的反应速度和手部控制能力；②在练习时，要注重提高手腕的灵活性与手臂的力量，以适应不同的来球情况；③运动员应根据来球的速度与角度，灵活调整手型和击球点，确保接球的准确性与稳定性；④单手托球技术在实际比赛中可以迅速改变球的飞行轨迹，为队友创造进攻机会。

（二）传球技术

传球是气排球运动中最基本、最重要的技术之一，也是气排球各项技术、战术的基础。气排球传球是指利用全身协调力量，并通过手指手腕的弹力，将球传到一定目标的击球动作。

1. 动作方法

（1）准备姿势：①稍蹲，上体稍前倾，抬头注视来球；②两脚左右开立，约与肩同宽，两膝微屈，后脚跟提起，重心落在两脚之间，两手置于胸前，两肘自然下垂；③两手呈半球状，全身放松，准备传球。

（2）手形与触球部位：①两手主动迎球，球近额前时，开始蹬地、伸膝、伸臂；②两手成半球形，两拇指相对呈"一"字形，手腕稍后仰；③十指与球吻合，触球部位为球体后下方；④手指触球分工明确，拇指、食指、中指承受球的压力，无名指及小指控制球的方向。

（3）击球点：击球点在额前上方约一个球直径的距离。

（4）用力方法：①在迎球动作的基础上，手和手指要有前屈迎球的动作；②当手和球接触时，手腕应稍有后仰，以缓冲来球的力量；③短距离传球主要靠手指、手腕的弹力；④长距离传球需要全身协调用力，由下而上，两脚蹬地，膝关节伸展，髋关节稍屈，含胸直立；⑤最后用手指、手腕的弹力将球传出，手离球后，两臂要伸直，伴送球出手。

2. 注意事项

（1）传球时要保持身体的协调性和稳定性，确保传球的准确性。

（2）根据传球的距离和目标，调整用力的程度和动作的幅度。

（3）练习时，要注重提高手指、手腕的灵活性与力量，以及全身协调用力的能力。

（4）在比赛中，传球的时机和方向对战术的执行至关重要，需要运动员具备快速判断和反应的能力。

第四节　形体修塑运动

一、健身瑜伽

"瑜伽"（Yoga）一词源自印度梵语"yug"或"yuj"，意为"一致""结合""和谐"。作为一项具有悠久历史的运动，瑜伽流传至今，已发展成为现代人感受平衡、修养身心的日常运动。瑜伽姿势运用古老且易于掌握的技巧，以改善人们生理、心理、情感和精神方面的能力，是一种达到身体、心灵与精神和谐统一的运动方式，包括调身的体位法、调息的呼吸法、调心的冥想法等，以达至身心合一。

（一）美化身体的瑜伽体位法

瑜伽体位法是瑜伽实践中的重要组成部分，它通过一系列精心设计的身体姿势来达到多种身心效果。

1. 涵盖的动作类型

（1）拉（拉伸）：通过伸展肌肉和肌腱，提高柔韧性。

（2）伸（延伸）：加强肌肉的伸展性，促进血液循环。

（3）弯（弯曲）：增强脊柱的灵活性，改善身体姿势。

（4）扭（扭转）：通过扭转身体，刺激内脏器官，促进消化系统的功能。

（5）叠（折叠）：通过身体折叠，增加关节的灵活性与稳定性。

（6）折（曲折）：类似于折叠，但更注重特定部位的深度延展。

（7）倒立：通过逆向地心引力的姿势，改善血液循环，促进身心平衡。

2. 体位法的功效

（1）刺激腺体：通过体位法的练习，可以刺激内分泌腺，平衡激素分泌。

（2）按摩内脏：某些体位法能够对内脏器官产生温和的按摩效果，促进其功能。

（3）伸展肌肉：增强肌肉的柔韧性和弹性，降低受伤的风险。

（4）强健骨骼：通过体位法的练习，可以提高骨密度，预防骨质疏松。

（5）减轻疲劳和压力：通过放松身体和平静心灵，缓解身体和心理的紧张状态。

（6）改善睡眠质量：通过练习有助于放松神经系统，促进睡眠。

（7）调节情绪：通过练习体位法，可以释放情绪压力，达到稳定情绪的效果。

（8）提升心理健康水平：长期练习可以增强心理韧性，提高人们应对生活压力的能力。

3. 练习建议

（1）在专业指导下进行练习，确保动作的准确性和安全性。

（2）根据个人的身体状况和能力选择合适的体位法。

（3）练习前后进行适当的热身和放松，避免肌肉拉伤。

（4）注意呼吸与动作的协调，利用呼吸来增强体位法的效果。

瑜伽体位法不仅是一种身体锻炼的方式，还是一种身心合一的实践，通过练习可以促进身体健康和心理平衡。

（二）瑜伽呼吸法

瑜伽呼吸法，或称调息法，是瑜伽练习中的重要组成部分，它通过有意识地控制呼吸来增强心肺功能和激发生命能量。

1. 目的与效果

（1）通过有意识地控制呼吸，增加氧气吸入量，可以增强心肺功能。

（2）通过调节呼气排出体内的浊气和压力，激活生命能量。

2. 主要呼吸技巧

（1）腹式呼吸：舒适地坐着、仰卧或站立，放松全身；吸气时，气流通过鼻腔、气管、肺部，最大程度地向外扩张腹部，使腹部鼓起，胸部保持不动；呼气时，腹部自然凹陷，向内朝向脊柱方向收缩，气流经由相反的方向排出体外。循环往复，保持呼吸节奏一致。腹式呼吸有助于放松身体，促进消化系统的功能。

（2）胸式呼吸：选择舒适的坐姿、仰卧或站立姿势，放松全身；吸气时，慢慢地、最大程度地向外、向上扩张胸部，腹部尽量保持不动；呼气时，慢慢放松胸腔，向下、向内收缩，排出气体。胸式呼吸有助于打开胸腔，提高肺活量。

（3）喉式呼吸：选择舒适的坐姿、仰卧或站立姿势，放松全身。通过有意识地收紧喉咙，使气流通过喉头后端时发出声音。吸气时会发出"沙"的音，呼气时发出"哈"的音。该呼吸法有助于镇定神经系统，稳定情绪。

（4）清理经络调息法：右手拇指、无名指与小指分别置于两侧鼻翼，用均匀的力量微微贴着鼻翼；用无名指和小指关闭左鼻孔，不要用太大的力量，放开拇指，用右鼻孔呼气。呼气过程与肺部收缩过程保持一致；用拇指关闭右鼻孔，放开无名指与小指，通过左鼻孔吸气。这样完成一个回合。一个回合中包含2个呼吸。理想的练习一般主张完成至少9个回合。该调息法有助于平衡身体的能量通道，净化呼吸系统。

（5）完全式呼吸法：结合腹式、胸式和锁骨式呼吸，使肺部充分扩张和收缩，提高呼吸效率。

3. 练习建议

① 在安静、通风良好的环境中进行呼吸练习。

② 穿着宽松舒适的衣物，以便自由活动。

③ 保持身体放松，避免在练习中出现紧张。

④ 从简单的呼吸技巧开始，逐渐过渡到更为复杂的技巧。

⑤ 持续练习，以提高呼吸控制能力与增强呼吸控制意识。

4. 注意事项

① 呼吸练习应根据个人的舒适程度进行，避免用力过度。

② 如果在练习过程中感到头晕或不适，应停止练习并休息。

③ 对于高血压或心脏疾病患者等，在开始呼吸练习前应咨询医生。

瑜伽呼吸法不仅能够提升身体健康，还能促进心理平衡和精神集中，是实现身心和谐的重要工具。练习者通过持续练习，可以提高生活质量并增强内在的平静。

（三）瑜伽冥想法

瑜伽冥想法是瑜伽实践中用于培养内在平静、提高精神集中和自我反省的重要技巧。冥想是一种精神集中的状态，通过减少外界意识活动，增强潜意识的敏锐度，达到深度宁静。瑜伽冥想是一种调心方法，通过沉思和反省自我，帮助练习者达到更高的精神境界。

1. 主要冥想方法

① 语音冥想：通过重复特定的音节、词汇或短语，出声或心中默念，来镇静大脑，平和心境。它有助于缓解压力，消除紧张和焦虑，提高身体感知力和思想专注力。

② 呼吸冥想：选择舒适的坐姿，通过鼻子呼吸，将注意力集中在呼吸的感受上，不强迫改变呼吸的节奏。呼吸冥想有助于稳定情绪，保持大脑清醒，缓解精神压力，是一种简单而有效的冥想方法。

③ 注目凝视冥想：通过持续注视一个视觉刺激物，如烛光或图画，将思想集中于一点。这种冥想有助于提高专注力和内在视觉，简单的物体更有利于集中注意力。

2. 练习建议

① 选择一个安静、无干扰的环境进行冥想。

② 穿着宽松舒适的衣物，保持身体放松。

③ 保持脊柱直立，但不要僵硬，以利于能量流动。

④ 冥想前可以进行简短的体位练习，帮助身体放松。

⑤ 初学者可以从短时间的冥想开始，逐渐增加时长。

3. 注意事项

① 冥想时保持开放和非评判的态度，接纳自己的体验。

② 如果在冥想中感到困倦或分心，可以缓慢调整姿势或短暂休息。

③ 冥想是一种个性化的体验，不同的方法可能适合不同的人，尝试找到最适合自己的冥想方式。

瑜伽冥想法不仅是一种精神修炼，也是一种生活方式，帮助我们在快节奏的现代生活中找到平衡和宁静。通过持续的练习，可以提高生活质量，增强内在的平和感。

（四）瑜伽休息术

瑜伽休息术是传统瑜伽中一种颇具效果的放松艺术。在整个练习过程中，需要完全集中意识并放松身体，从而让身体得到休息。这种休息与一般意义上的睡眠有着根本的不同，在正确的练习中，练习者可以用意识去控制它，并且从意识中醒来。在课程环节中加入瑜伽休息术，有助于练习者身体和精神的深度恢复。

瑜伽休息术主要有摊尸式、排气式、俯卧式、鳄鱼式、鱼戏式、婴儿式、大拜式等。仰卧放松功（图5-13）是精神和身体完全放松的最有效体位和方法。具体方法如下：仰卧在垫上，两手放在身体两侧与身体平行，掌心向上，双腿稍微分开至舒适位置，闭上双眼，放松全身，尽量不要移动身体，让呼吸变得有节律、自然。从两脚开始，两个大脚趾正在放松，其余脚趾全都放得很松；两脚背、脚底、脚踝、脚后跟、小腿胫骨、小腿肚、膝盖、膝盖窝、大腿前侧肌肉、大腿后侧肌肉、臀部；整个后背部、每一节胸椎、腰椎、尾骨、骶骨；腹部、胃部、肋骨、心脏、胸部；肩部、上臂、手肘、前臂、手腕、手掌心、手背、手指，放松，完全地放松。将意识转移到头部，放松头顶、头的两侧、头皮、前额、眉毛、眉心、眼皮、眼球、脸颊、鼻梁、嘴唇、下颌、牙齿（图5-13）。完成后，深呼吸一次，慢慢张开眼睛。屈膝，将身体转向一侧，停留一会儿，然后用手撑着慢慢坐起身。

图5-13　瑜伽休息术仰卧放松功

（五）缓解疲劳，身心放松的组合实践

站立前弯式（图5-14）——站立前弯左右摆动（图5-15）——铲斗式（图5-16）——仰卧蝴蝶式——仰卧单腿屈膝摆动式（图5-17）——手抱头双肩左右摆动式（图5-18）——摊尸式。

图5-14　站立前弯式　　　　图5-15　站立前弯左右摆动　　　　图5-16　铲斗式

图 5 - 17　仰卧单腿屈膝摆动式　　　　　　图 5 - 18　手抱头双肩左右摆动式

（六）瑜伽练习的功效

瑜伽通过呼吸训练、体式练习、冥想引导，让人们达到身心专注的状态，既能舒展躯体，也能塑形美体，更能增强免疫力。

1. 活化脊柱，防治身体疼痛

脊柱被称为人体的第二生命线，起着支撑躯干和保护神经等核心功能。人体的颈、肩、腰、腿 80% 左右的疼痛疾病都与脊柱有关。神经系统通过脊柱通向大脑，脊柱和大脑构成了中枢神经系统，控制着全身的血液循环、呼吸系统、消化系统等。如果脊柱过于僵硬，可能引发后背神经痛、腰肌无力。瑜伽体位法主要围绕脊柱锻炼，舒筋活络，使其灵活畅通。

2. 调节亚健康，保持良好状态

人的行为、情绪及心理状态都与内分泌腺体的活动有直接关系。瑜伽练习可帮助调节这些腺体的活动，从而防止内分泌系统功能失常。

教师可以将体育教学与心理健康教育相结合，通过瑜伽将健身与健心有效地融为一体。同时，瑜伽作为一种无竞争性且强调自身能力拓展的运动方式，能使学生感到尽情宣泄、自由伸展的振奋和愉悦，最大程度地调动运动的热情和活力，使疲惫的心境得到彻底放松。

3. 塑身养颜，培养良好气质

正确的瑜伽体位练习具有良好的塑身效果，使线条优美、姿态平衡、体态优雅。其中，弯、伸、扭、推、挤、叠、折、俯、抑、屈、提、压等动作使身体得到全面的调整和促进，加速体内循环，并排除体内毒素及废物（气、血、便），从而达到吐故纳新的功效。

4. 步骤清晰，培育思考问题的条理性

瑜伽练习要求缓慢且步骤分明，每一步都在训练对自身的掌控力，包括身体、呼吸、情绪等。

5. 修身养性，提高幸福指数

学生持之以恒地面对练习中遇到的困难与挑战，以平静的态度跨越种种障碍。持续的瑜伽实践有助于净化心灵，培养高尚情操，端正人生态度，塑造积极的世界观、人生观和价值观。

（七）瑜伽练习的要求

1. 练习前

保持乐观、平和的心态；穿着舒适而宽松的衣服，以棉麻质地为佳，可选择在室内外场所进行，但环境应安静、洁净、平坦。在地面上铺上瑜伽垫或地毯、毛巾、软垫等；瑜伽练习前宜先如厕，排空大小便；饭后 3～4 小时，饮用流质后 0.5 小时左右，保持空腹状态练习瑜伽；练习前一定要进行热身运动。

2. 练习中

选择抒情、自然、空灵、柔和的伴奏音乐；练习时先易后难、循序渐进，不可急于求成，要在自己所能承受的极限范围内，使伸展的部位稍有拉伸感即可，保证每个动作舒适地完成；练习时保持身体的准确性和协调性，当身体处在正位上时，身体能量流动才会畅通无阻；练习时将意识专注到被伸展和被刺激的部位，去除杂念；练习中，自始至终要用鼻子呼吸。练习时，如果肌肉颤抖或抽搐，应立即停止，加以按摩或伸展，恢复后方可继续练习；练习收效不要横向比较，只求纵向进步，积跬步、步步迈向成功。每做完一个瑜伽姿势后，应放松身心，并深呼吸 5～6 次。女性在生理期可以根据身体状况做适当练习，但要避免倒立、伸展腹部和翻转性动作。

3. 练习后

练习结束后，约需 0.5 小时的舒缓调节时间，最好 1 小时后再进食；至少 0.5 小时后再进行沐浴；任何运动都有可能出现迟发性肌肉酸痛。在瑜伽练习后，若出现肌肉紧张、酸痛，应给予适当的按摩或冰敷。

二、形体训练

身体形态的端正与否，不仅关系到学生的形象与气质，还直接影响其身体健康。形体训练内容丰富多样，可以采用各种徒手练习，如姿态操、舞蹈组合、韵律操、健身操等。此外，也可以利用各种运动器械进行训练，包括把杆、哑铃、杠铃、海绵垫、拉力带、瑞士球、多功能健身器械等。在众多的形体训练方法中，芭蕾形体训练因其流行度和实用性而脱颖而出。

芭蕾形体训练的动作特点，保留了芭蕾舞原有的姿态，如挺胸、拔背、顶头、抬下颚等上体姿态，开、绷、直、立等下肢特征。动作展现出舒展、优雅、高贵、自信的神韵。该训练以芭蕾舞的基本动作为基础，去除了超出人体正常负荷和过于专业化的内容，将动作的幅度、力度、角度和节奏控制在普通学生能够承受的范围内。通过调整骨骼和肌肉群的几何位置，旨在增强体质、掌握平衡、控制体态、改善气质，并提升审美品位。

（一）基本体态纠正与训练

形体美是一个由多种要素有机组合而成的整体性动态系统。它体现在肢体比例的适度、肌肉的均衡、身体的丰满；皮肤的健康，色泽的柔润；体态和身姿的优雅等方面。体态训练应从最基本的姿态开始，包括站姿、坐姿、走姿和蹲姿。此外，还需纠正不良姿势，常见的身体不平衡或畸形的矫正，如：高低肩、驼背、鸡胸、脊柱侧弯、X 形腿、O 形腿、八字脚、扁平足、粗细臂或腿等部位的矫正练习。

1. 站姿

站立姿势挺拔优美，反映了一个人的素质和修养。我们能通过训练矫正驼背、O 形腿及 X 形腿等不良姿态，使举止更加优雅。

（1）正确的站立姿势：两脚成"V"字形，两腿用力夹紧，尽量不留缝隙，收腹、夹臀、立腰、收肋、挺胸、提气、头向上顶，双肩下沉并稍外展，两臂自然下垂，微收下颌，目视前方，体现出高雅的气质和挺拔的身姿。

（2）练习方法：五点靠墙站立（五点是指头、双肩、臀部、小腿肚和脚跟）。靠墙站立是一项抗重力的肌肉锻炼，通过站立姿势达到锻炼全身肌肉的效果，从而消耗热量、塑造身材。

2. 坐姿

坐姿是人体的一种静态造型，是体态美的重要表现方式。一般可分为正步坐、侧坐、双腿交叠坐等。掌握正确而优美的坐姿，会增加形体的美感与魅力。

正确的坐姿：双膝并拢，身体重心落在臀部，身体挺直，颈部向上伸展，微收下颌，肩部放松，四肢摆放要规范端正。

3. 走姿

走姿属于动态动作，是在正确站姿的基础上形成的。

正确的走姿：两脚在一条直线的左侧、右侧交替前移，膝关节正对前方，身体保持站立时的正确姿态，步幅适度，重心移动平稳，头要正，双肩下沉并稍外展，两臂自然前后摆动。

（二）形体训练的形式与内容

形体训练旨在培养良好的体态，形成正确的动力定型，并进行有针对性的专门训练。由于人体姿态具有较高的可塑性，训练时应严格按照动作规范完成每一个细节，用心体会动作过程的韵味和美感，控制肌肉协调用力，保持身体的稳定与舒展。这对形成体态端庄、举止优雅起到重要作用。同时，姿态的稳定性也意味着良好的姿态一旦形成，将会伴随终身。保健班学生形体训练主要采用把杆练习和简单的组合练习。

1. 把杆练习

把杆练习是一种辅助身体形态训练的手段，可借助把杆保持身体平衡。通过在把杆上进行擦地、小踢腿、蹲、移重心、压腿、波浪、身体弯曲等动作的练习，可以改善身体姿势和形态，有助于发展和提升身体的柔韧性和平衡能力，增强腰腿部力量，同时也是徒手练习的基础。把杆练习方法有两种：双手扶杆和单手扶杆。

2. 徒手练习

徒手练习通过大量训练，可对人体的肩、胸、腰、腹、腿等部位进行强化锻炼，增强腿部支撑身体站立、立腰、立背的力量，以及各部位的柔韧性，为塑造良好的人体外形，改善形体的控制力打下坚实的基础。

（1）腿脚部力量和柔韧性练习。腿部练习是基本功训练的主要部分，重点是加强髋关节、膝关节、踝关节的稳固性和灵活性，以提高站立姿态的腿部支撑能力和体形的优美程度。同时，脚背柔韧性练习也是形体训练不可忽视的环节。它对各部位练习以及组合练习都有重要作用，是体现形体美、姿态美的重要标志。一般采用单人和双人配合两种形式进行练习。以下是勾、绷脚练习（图5-19）以及绕踝练习（图5-20）。

图5-19 勾、绷脚练习

图5-20 绕踝练习

（2）胯（髋）部力量和柔韧性练习。胯部的力量和柔韧性练习对于增强整体的柔韧性及全身的协调性起着至关重要的作用。胯部的柔韧性直接影响动作的舒展度和优美度；同时，通过胯部柔韧性的练习，还可以塑造臀部的线条和曲线。髋关节伸展练习如图5-21所示。

图 5 - 21　髋关节伸展练习

（3）腰背部力量与柔韧性训练。腰背部的力量和柔韧性对于形成和维持优美的站立姿势至关重要。强健而有弹性的腰背部肌肉，配合优美的曲线和富有动感的姿态，展现出一种充满活力的青春之美。练习通常采用单人或双人形式进行。单人腰背部伸展练习如图5 - 22所示。

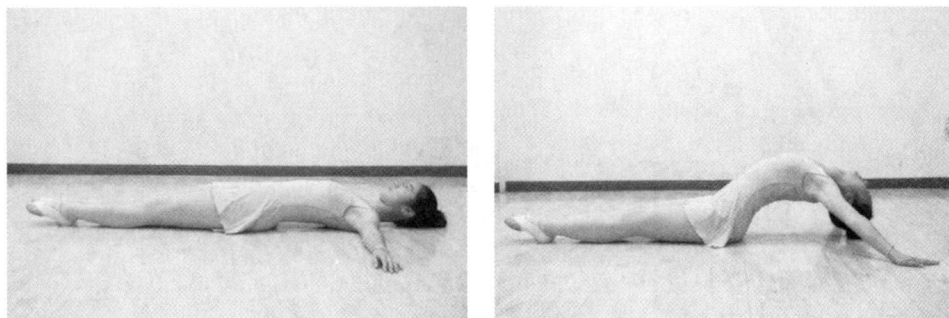

图 5 - 22　单人腰背部伸展练习

（4）腰腹部力量训练。腰腹部力量训练是形体训练中的重要组成部分。腰腹部的力量水平直接关系到人体的控制能力和体型的优美程度。腰腹部的强健不仅能够提升身体的稳定性和协调性，还能增强身体的曲线美。练习方法多样，通常采用单人或双人配合的形式进行。单人举腿练习如图 5 - 23 所示。

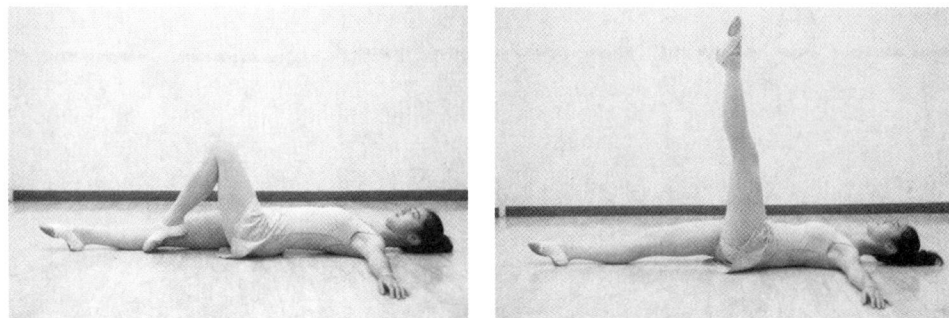

图 5 - 23　单人举腿练习

（5）手臂、肩部力量与柔韧性训练。肩和手臂是人体上身的重要组成部分，肩部的宽度与身高比例匀称协调，可以展现开阔、稳健且充满朝气的样子，突出体形的曲线美。如果肩部过窄，可能会给人留下纤细、软弱的印象，感觉无力支撑头部和颈部，同时也可能缩小胸腔空间，影响心肺等内脏器官的功能。

手臂和肩部的力量与柔韧性训练有助于促进上肢骨骼、肌肉、韧带和肩部的正常发育，增强力量和灵活性，提高肩部的控制能力，使站立姿势更加挺拔优美。此外，由于练习动作灵敏有力、变化多样，可以有效促进上身的血液循环，增进胸部各内脏器官的营养和功能。不同手位的动态练习如图5-24所示。

图5-24 不同手位的动态练习

形体锻炼的核心目标在于引导学生通过系统的形体练习，改善不良姿态，塑造优美的外在形态，进而丰富内心世界，培养积极的情感和精神。

三、椅子操

保健班部分学生可能因先天残疾或意外损伤而无法站立或不宜久站。由于长时间保持坐姿，可能会导致肌肉僵硬和酸痛，甚至引发肌肉萎缩、颈椎功能障碍、腰椎间盘劳损、脊柱侧弯等病症。这些问题不仅影响其身体的活力，还可能改变其体型。

通过利用日常生活中的椅子作为媒介，进行力量、耐力、柔韧性等综合素质练习，可以有效提高肌肉力量，改善机体柔韧性，增强平衡能力和控制能力，预防跌倒。椅子操不仅适合长期久坐工作和学习的人群，还特别适合不宜站立的群体，是康复和维持健康的重要选择。

(一)训练过程

1. 准备部分

(1)展臂调息：坐在椅子上，随着吸气，双臂从体侧慢慢向上举起至头上方，同时抬头，目视前方。随着呼气，缓慢放下手臂至体侧，还原成起始坐姿，完成1次练习。本节动作共练习8次。目的：通过练习，调整呼吸节奏，避免憋气现象，为后续动作做好准备。

(2)腿部伸展：坐在椅子上，保持脚尖着地，脚跟抬起，尽量将脚尖收向椅子。伸出左腿，尽量上抬至水平，脚跟向前推，脚尖先尽量向胸前靠拢，然后还原。换右腿，重复相同动作。还原后，双腿并拢，重复上述动作，连续进行4次。

(3)踝关节练习：①勾脚尖，即脚尖向上拉；绷脚尖，即脚尖向下压（图5-25）。②单腿绕踝，即一只脚以踝关节为中心画圈（图5-26）。③双腿绕踝，即双脚同时以踝关节为中心画圈（图5-27）。每种动作各进行4个八拍。

图5-25　坐式勾绷脚尖　　　　　图5-26　坐式单腿绕踝

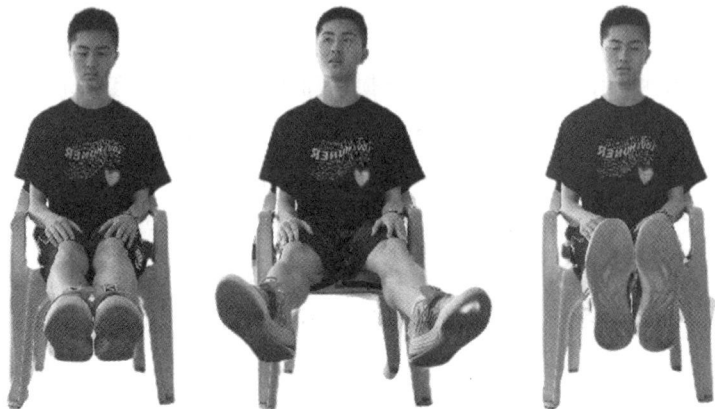

图 5-27　坐式双腿绕踝

（4）模拟跑步：坐在椅子上，进行模拟跑步动作。每步尽量将脚跟抬高，左右脚交替进行。同时，手臂弯曲成跑步时的姿势，随脚步前后摆动。持续进行 1～3 分钟。模拟跑步有助于提高下肢活动能力，促进血液循环。

（5）腿部和腰部伸展：①坐在椅子上，双足并排，脚尖向前；②先抬左腿，尽量使其贴近胸部，同时用手紧抱小腿，然后还原。换右腿，重复相同动作；③双膝抬起，用手紧抱小腿，然后还原；④先起身，使臀部稍微离开座位，双腿保持直立，尽量向脚尖弯腰，然后还原；⑤完成上述动作后放松身体。连续做 5 次。

2. 颈部肌肉群练习

端坐在椅子上，保持脊柱向上延展。头部依次向前、后、左、右，以及左侧上 45°、右侧上 45°方向轻柔转动。接着，头部进行顺时针和逆时针方向的绕圈运动，每种动作重复 4 次。此练习有助于放松并增强颈部肌肉。

3. 发展手指、手臂肌肉群的练习

（1）模拟握球：立腰端坐，双腿与髋同宽。两手于胸前，十指指尖相对，模拟握一圆球（图 5-28）。

（2）指关节按压与腕部绕环：右掌根压左手第二指关节，放松。重复用左掌根压右手第二指关节的动作。两腕同时从下向上、由内向外绕环。两腕同时从上向下、由外向内绕环。

（3）拳掌动作：坐姿，两臂前举、侧举、上举。用力地做握拳和张开手掌动作，

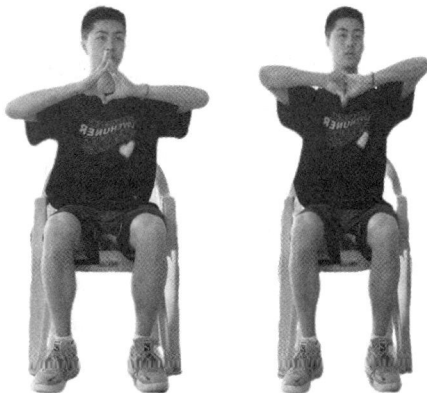

图 5-28　坐式手指手腕练习

或屈肘进行。手张开时，手指尽量分开。每个方向的动作做 1 个八拍。

（4）手腕关节练习：坐姿，臂前举、侧举、上举。做手腕关节的内收和外展练习。

（5）交叉上举与立掌前推：坐姿，两臂交叉上举练习（图 5 - 29），1 个 8 拍。坐姿，两臂立掌向前推练习（图 5 - 30），1 个 8 拍。

图 5 - 29　坐式两臂交叉上举　　　　　图 5 - 30　坐式两臂立掌前推

（6）哑铃练习：坐姿，前臂置于大腿上；①手持哑铃，手腕做抬起和放下动作；②手持哑铃，做肘关节的屈曲和伸展动作。

（7）五指交叉用力外分：坐姿，两手五指交叉，用力外分。这是一个静力性动作，持续 10～15 秒。做 1 个 8 拍，重复 10～15 次。

4. 肩带肌群发展练习

（1）双肩绕环运动：坐在椅子上，保持自然呼吸，双臂侧平举，掌心向上。接着弯曲双肘，使双手呈钩状，垂于肩上方。先逆时针缓慢旋转肩关节，连续旋转 8 次，然后顺时针旋转 8 次，恢复原位。

（2）交叉手举运动：坐在椅子上，双手十指交叉，先掌心朝上，伸直肘关节，尽量向上举，然后收回，掌心朝下，完成 1 组 8 拍动作。

（3）斜上举臂运动：坐姿，两臂先斜上举，缓慢同时用力地弯曲肘关节，然后缓慢伸直，恢复原位。

（4）体后伸展运动：双臂伸向体后，十指交叉，掌心向上，尽量向下、向后伸展，胸腔打开，肩胛骨后收。保持该姿势 3 至 5 个深呼吸。

（5）侧下举臂运动：坐姿，两臂下垂。慢速侧向下举，同时上提肩胛骨。控制 1～2 秒，然后双臂下垂，放松。

（6）肩侧屈运动：坐姿，双手握拳，呈肩侧屈姿势。前臂反复进行向下和向上的弯曲运动，或同时进行上下交替的动作。

（7）小半径举落运动：坐姿，两臂进行小半径地举起和落下的绕环动作。

（8）上举与侧举运动：坐姿，两臂上举、侧举。①两臂进行曲线运动的举起和落下；②两臂在侧面进行近似于8字形的动作。

5. 腿部肌肉群发展练习

（1）扶椅抬脚跟运动：站在椅子后，双手轻扶椅背，目视前方。抬起脚跟，以脚趾支撑保持数秒，然后放下。重复练习2组，每组8次，然后恢复原位。同样方法，抬起脚趾，以脚跟支撑保持数秒，然后放下，重复练习2组，每组8次，恢复原位。

（2）扶椅举腿运动：手扶椅子，分别向前、侧、后举腿。根据个人情况调整角度，重复练习2组，每组8次。

（3）足尖足跟敲地运动：坐姿，一腿前伸半屈，足跟着地。进行时，足尖和足跟沿地面轻轻敲击。单腿和双腿各完成2组，每组8次。

（4）脚掌绕环运动：一腿置于另一腿上，呈坐姿。脚掌进行绕环动作，左右脚各完成2组，每组8拍。

6. 背部和腹部肌肉锻炼

（1）屈肘交替提升运动：坐在椅子上，右前臂向上，左膝向后提升，然后还原；接着用左前臂和右膝做相同动作。重复此动作15次。

（2）座位上障碍滑雪模拟运动：坐姿，两脚脚跟尽量向右移动，两手也同时放在右边，先提起脚跟，然后将脚跟和两臂一同转向左边。连续进行30次。

（3）腹肌收缩与放松运动：尽量收缩腹肌，保持自然呼吸，上体向前弯曲，同时脚尖翘起，脚跟先着地，随后将脚尖放下至地面，放松腹肌，直起身体。重复此动作10次。

（4）腹肌持续收缩运动：放松地坐着，尽量收缩腹肌，保持这种姿势进行5次深呼吸，然后放松3次深呼吸。重复此动作8次。

（5）背肌伸展运动：浅坐在椅子约1/3的位置，两手向后抓住椅背，直到感觉到背肌的伸展。在慢慢呼气的同时，将胸部向后挺起，保持约5秒钟（图5-31）。功效：有助于平坦腹部、收紧腰部，使胸部更加丰满挺拔。

（6）侧身伸展运动：浅坐在椅子约1/3的位置，单手抓住椅子的边缘。进行大口深呼吸，身体和头部向另一侧倾斜，重心也转移到倾斜的一侧。感觉到抓住椅子的手臂在伸展，保持约5秒，然后换另一侧重复此动作。功效：可以使肩部线条更加优美，并增强腰部肌肉的结实度。

（7）双臂前平举与腰部转动运动：双臂前平举，左右转动腰部至最大幅度，重复8～12次。松弛地坐着，两肩卜垂，背部伸直，尽量收紧背部肌肉，持续5次深呼吸，重复此动作8次。

（8）椅子上转体运动：坐在椅子上，保持自然呼吸，双手十指交叉，双臂上举，掌心向下。以腰部为轴，慢慢向左转体 45°，保持数秒（图 5-32），然后返回正中位置。练习1组 8 拍，再换方向练习 1 组 8 拍，动作相同，但方向相反。

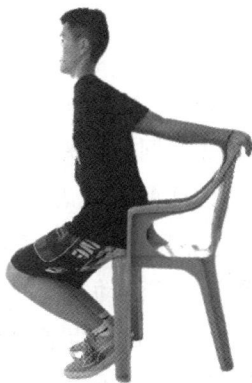

图 5-31　坐式伸展肩背部　　　　　　　图 5-32　坐式伸展侧腰

（二）注意事项

（1）选择合适的椅子，确保练习的稳定性和安全性。

（2）练习时保持均匀呼吸，腰背部挺直，动作尽量延长拉伸。

（3）循序渐进，让身体各关节逐渐适应训练。

（4）根据个人情况控制锻炼的幅度和难度，防止运动损伤。

（5）如感到运动量不足，可重复练习，以满足个人需求。

第五节　体育文化学习与欣赏

一、体育礼仪

中国被誉为"礼仪之邦"，孔子、孟子、管仲等古代思想家对"礼"有着深刻的阐述。体育礼仪不仅是体育文化的重要组成部分，也是国家文明发展和社会进步的重要标志。它体现在体育活动中的服饰、器材、竞赛标识等物质层面，以及言谈举止、行为规范、赛场秩序、规章制度等精神层面。

（一）体育礼仪的概念

体育礼仪涵盖了运动员、教练、裁判、工作人员和观众在体育活动中应遵循的行为规范和准则。它包括不同体育项目及赛前、赛中、赛后的礼仪常识，如服饰着装、见面介绍、馈赠、涉外交流、比赛仪式和体育标识等。体育礼仪不仅包含体育的育人价值，也蕴含着礼仪的文化价值。

(二) 体育礼仪的表现形式

1. 体育礼仪在教学活动中的表现形式

学校体育教学活动过程，既是各种体育技术、技能传授和学生之间相互切磋的过程，也是师生、生生之间礼仪交往的表现。在体育教学活动过程中，教师的课堂教学就是体育礼仪的渗透，课堂上要求学生遵守课堂秩序、尊重教师、尊重同伴，爱护体育器材设施、维护场地的卫生清洁等，这些都是文明礼仪的表现；教师说话的语气语调、表情、手势，动作的示范等都会对学生产生一定的影响。运动传习主要包括师生互敬、赛前赛后的礼节等。运动礼仪在体育教学中，既是传习，又是教学，一举两得。运动礼仪的教学，能够让学生养成良好的运动礼仪习惯，同时也能在无形之中影响学生的社会生活和举止行为。例如，教师讲解示范时使用文明用语，动作示范时姿势标准优美是尊重学生的表现；学生的反应、表现、行为动作等也会形成反馈。

2. 体育礼仪在体育社团活动过程中的表现

体育社团活动通过规章制度、成员间的交流和动作示范，培养成员的集体观念和责任感，促进人际交往和社会关系的和谐。

随着互联网信息技术的发展和智能手机的普及，人与人之间的面对面交往逐渐减少。同时，随着社会的发展、分工的精细和竞争的加剧，人际关系容易变得紧张。体育作为一种独特的社会实践活动，对消除身心疲惫、缓解精神压力具有独特的作用。学生通过组织各种体育社团活动，主要是通过社团的规章制度、成员之间的言语交流、动作示范或讲解、动作练习等，以及活动者之间的相互鼓励和相互约束等交流方式来实现体育礼仪的约束和规范。在体育活动中，学生受到礼仪规范的约束，形成集体观念，培养责任感，通过锻炼结交朋友，共同体验运动带来的愉悦感，从而更好地促进人际交往及社会关系的和谐稳定。

3. 体育礼仪在竞技体育比赛中的表现

体育比赛是和平友好交流的平台，比赛中的着装、仪式规范、语言和行为，都是体育礼仪的体现。体育能够不受国家、地域的限制，成为人们和平友好交流的平台。体育礼仪伴随着体育而生，代表着国家的形象与文明。体育礼仪在国与国的交流中有着不可替代的作用，能够增进国家之间的感情。体育比赛以体育规则约束和指导行为，参与者（包括运动员、教练员、裁判员、官员、观众、志愿者等）必须遵守体育礼仪，规范其体育交往行为。奥运会、亚运会等大型比赛中都会有该届比赛所特有的奥运火炬、吉祥物、比赛会徽等物质标志及庄重的开幕式、闭幕式、颁奖仪式等仪式规范，这些都是竞技运动所特有的体育礼仪。

运动员的比赛着装也是一种服饰礼仪，是国家的象征，代表着各国的文化与内涵，体现着民族的审美。同时，不同项目的比赛着装也各不相同，如中华传统武术服装、太极拳服装、跆拳道服装、球类运动服装、游泳跳水服装等，这也体现了每个运动项目特有的服饰礼仪。

每个运动项目的规则不同，针对各个项目的比赛，都有特定的竞赛规程，要求裁判员、运动员、观众遵守这些规则。运动员要树立公共意识，为观众树立榜样。教练员和裁判员要严格规范自己的行为，在训练和比赛中树立威信。运动员的行为举止以及裁判员对规则的裁决、每个手势动作等都是体育礼仪的表现，正是这些竞赛礼仪的约束，才使比赛得以顺利开展。李宁、姚明、郎平、刘翔等体育明星是很多国人崇拜的偶像，他们的一言一行所表现出的体育礼仪也是展示国家形象的一张名片。

（三）体育礼仪教育的作用与意义

1. 培养学生的体育合作意识

体育课程可以锻炼学生的体魄，磨炼他们的意志，增强他们的身体素质。体育课程中的礼仪教育有助于培养学生的协作精神。

2. 培养学生积极进取的态度和礼让精神

体育活动激发积极进取的态度，同时在身体接触中培养谦让精神。体育礼仪教育使学生学会以礼待人、以德服人。

3. 提升学生的社会参与度

体育礼仪教育帮助学生了解社会、融入社会，增强社会责任感，提升社会参与度。

二、体育欣赏

（一）体育欣赏能力的概念及其内涵

体育是人类文明发展过程中创造的宝贵文化财富，是现代社会文明的重要组成部分。欣赏，即享受美好事物并领略其趣味。随着现代物质文明和精神文明的不断发展，参与体育健身娱乐活动，观看和欣赏体育比赛、体育表演，已成为人们休闲生活的重要内容。

体育欣赏是指人们通过观看或感受体育运动竞赛、体育影视、体育音乐等体育艺术作品，领略体育运动的趣味，感受体育运动的精神，体验"体育运动美"的一种感知活动。它涵盖了体育运动的基础知识、基本技能、审美能力及体育文化艺术素养等方面，是一种集思想性、知识性与趣味性于一体的综合教育活动。

从心理机制角度来看，体育欣赏是一种心理过程。它以具体的体育项目为对象，以观众的视觉和听觉为主要手段，感知体育运动中的美的元素，从而使观众心情愉悦，获得心理上的满足。

每个体育项目都有其独特的特性。在欣赏体育比赛的过程中，人们可以感受到运动员们精湛的技术、高昂的斗志、动态的身体美，以及团队协作、战术执行的有效性、胜利的狂喜和失败的苦涩等，这些都能带给观众精神上的愉悦和对美好生活的向往，加深其对体育的了解和认识。

（二）欣赏主体应具备体育欣赏的条件

1. 必要的审美修养

修养是一种品位，是人们在长期生活中逐渐形成的对美的鉴赏能力。它包括认识美、评价美、享受美和表达美等方面。体育审美修养涵盖基本的体育知识、一定的运动体验和综合性的体育文化素养。在观赏体育活动时，人们不仅关注比赛的得分或运动员的动作和体型，还注重对体育活动的精神升华。通过观赏体育活动，人们感受到顽强拼搏、不断进取、团结协作和永不放弃等体育精神，并以实际行动证明自己的能力和价值。作为新时代的大学生，应树立正确的审美观，努力发展成为身体健康、心理健康、社会适应能力强，拥有健全人格和创新能力的社会主义新型人才。

2. 建立正确的体育观

体育旨在激发学生的运动兴趣，健全人格，培养终身体育意识，以健康为目标进行身体活动。体育欣赏应以正确的体育观为指导，分清美与丑，具备规则意识，自觉抵制赛场内外的不正之风，以奥林匹克精神为准则。观众应将重点放在体育比赛及表演中运动员积极向上、健康乐观、顽强拼搏的体育精神上，享受精彩体育比赛带来的身心愉悦体验。例如，在第31届夏季里约奥运会女子10公里马拉松游泳决赛中，原本第二名的奥莱利·穆勒因推搡对手并将其按入水中而被取消成绩，而遭到犯规的拉歇尔·布鲁妮最终获得银牌。学生在观看此次体育活动时，应树立正确的体育观，批判奥莱利·穆勒的不良体育行为，理解奥运会体现的公平公正的体育精神，从而在日后的体育活动中培养正确的体育观。

3. 掌握一定的体育常识

体育欣赏的持久兴趣建立在了解体育、关注体育、具备一定体育知识的基础之上。只有对体育感兴趣，才能持续欣赏，进而了解和掌握体育知识，进行体育锻炼和运动体验。体育知识的增长有助于让学生对体育产生持久兴趣，喜欢关注和欣赏体育竞赛，通过欣赏进一步培养更高层次的兴趣，形成良性循环。虽然体育欣赏可以学习和了解体育知识，但缺乏必要体育知识的体育欣赏只能停留在肤浅层面，难以引起深层次的情感共鸣，兴趣不会持久。因此，持续的体育欣赏，需要让学生学习体育基础知识，通过大学体育课程、体育社团活动、各种讲座等途径，了解并掌握体育科学文化知识、体育运动项目发展的背景、现状和趋势；了解基本的竞赛规则和欣赏比赛时应关注的要点；了解不同项目锻炼对人体健康发展的作用；了解各种项目中涌现的体育明星及其努力拼搏的过程和成就。只有掌握了基本体育知识，体育欣赏水平才能提高，建立的欣赏兴趣才能持久，最终发展成为体育爱好者，为大学生进行终身体育锻炼打好基础。

（三）学生体育欣赏的价值

1. 丰富感知，提升体育综合素质

学生通过欣赏各种体育运动，借助文字描述、直接观察、解说员和嘉宾的讲解，能够拓展体育知识，开阔视野，加深印象。通过感知、表象和想象等心理过程，帮助学生改进运动技术、掌握技能，更好地进行体育锻炼，增进健康。

2. 激发兴趣，培养终身体育意识

兴趣能够集中注意力，产生积极的心理状态，提高学习和活动的质量与效果。学生对体育的兴趣可以引导他们主动锻炼，培养终身体育意识。体育兴趣的培养和持久性需要依赖运动技能基础和体验。体育欣赏通过展现运动员的运动美、身体美、技术美和体育明星效应，激发学生对体育的关注和热爱，使学生通过视觉获得感官愉悦、精神满足和乐趣，产生尝试和锻炼的冲动。这有助于形成"兴趣—尝试—锻炼—技术提高—强烈兴趣—终身体育"的良性循环，增强体育意识，促进健康水平提升。

3. 缓解压力，孕育爱国情感

体育欣赏不仅能培养学生的审美情趣和修养，还能让学生学习运动员的顽强拼搏精神、爱国情怀、坚韧不拔的意志力，以及胜不骄败不馁的气节，体会运动员的阳光品质，对学生的学习和生活起到鞭策和鼓励作用。例如，观看篮球赛，无论是 NBA 还是学校篮球赛，尽管不同学生的审美观念不尽相同，但都会被精彩的比赛所吸引。观众为运动员鼓掌、呐喊、起立欢呼，成为篮球场上的"第六人"。比赛中，运动员展现出的互相鼓励、支持、理解、宽容等品质和人格魅力，具有教育和激励的价值。

学生通过体育欣赏对体育活动产生兴趣，在尝试中发现内在美。赛事讲解让学生了解运动；运动员的优美动作、巧妙技艺、顽强意志等给学生心灵带来震撼，使体育欣赏教育发挥重要作用。

第六章　康复保健班学生常见病分类与干预

本书作者对安徽省多所高校近五年保健班学生的病情进行统计分析，依次排序为：运动意外损伤、腰椎间盘突出症、心脏病、气胸、抑郁症、先天性髋关节脱位、慢性关节炎、慢性胃炎、甲状腺功能亢进症、低血压、气管炎、系统性红斑狼疮、类风湿关节炎。常见身体慢性病的症状、诊断、检查及处理（表 6-1），保健班学生病情分类及运动特点（表 6-2）。对一些常见病的病理和病情进行归纳和分析，并从生活方式中的运动、营养、作息等要素进行保健和康复指导，以期帮助患者和执教者对各种病情有清晰了解，真正做到因材施教、有的放矢。

表 6-1　学生常见身体慢性病的症状、诊断、检查及处理

类别	慢性腹痛	胸痛	头痛	关节痛	长期低热
临床症状	1. 周期性、规律性上腹痛，反复发作，与饮食相关，伴反酸灼烧感 2. 持续右上腹疼痛，伴随腹胀，恶心，进食油腻食物加重症状，低热 3. 右下腹间歇性隐痛，多为剧烈运动后发作	1. 在深呼吸，持重物、剧烈运动后突然发病，胸痛、干咳、呼吸困难 2. 亚急性起病，发热、咳嗽、胸痛、气短 3. 胸痛位于胸骨后，多在吞咽时发作，伴吞咽困难、烧灼感	1. 突然起病，发作性一侧头痛，易复发，伴恶心、眩晕、心慌、出汗，多见于女性 2. 慢性头痛，多持续性后枕部疼痛，有精神因素，可伴有神经官能症 3. 前额及鼻根部疼痛，鼻塞、流涕，晨起加重，伴耳鸣、听力减退	1. 发病前有咽痛，后出现多发的大关节对称的游走性疼痛，伴红肿热及发热 2. 食荤过多，肥胖、饮酒、过度饮食等诱因，脚拇指、关节等处出现剧痛，反复发作 3. 年轻女性，不规则发热，皮疹、关节痛、贫血、多器官受损	1. 有结核病史或接触史、盗汗、消瘦、低热 2. 心慌、多汗、烦躁、大便次数多，颈肿大 3. 上午体温高于下午，伴有恶心、心慌、出汗、失眠等症状

（续表）

类别	慢性腹痛	胸痛	头痛	关节痛	长期低热
可能性诊断	1. 胃和十二指肠溃疡 2. 慢性胆囊炎急性发作 3. 慢性阑尾炎	1. 自发性气胸 2. 胸膜炎 3. 食道炎	1. 偏头痛 2. 紧张性头痛 3. 鼻窦炎	1. 风湿性关节炎 2. 痛风性关节炎 3. 系统性红斑狼疮	1. 结核病 2. 甲状腺功能亢进 3. 功能性低热
所需检查	1. 上消化道造影、胃镜 2. 腹部B超、肝功检查	1. 胸部X线 2. 血常规及胸透 3. 食道X线及胃镜	测定五羟色胺	1. 血常规及血沉、心电图 2. 血尿酸 3. 免疫学检查	1. 胸透、结核菌素实验 2. 甲状腺素测定
处理	1. 服药、饮食调理 2. 消炎利胆、饮食调整 3. 抗炎止痛、急性发作时手术	1. 住院 2. 抗炎、抗结核 3. 避免食用刺激性食物、解痛抑酸	1. 服麦角胺 2. 镇静、心理治疗、中药治疗 3. 抗炎治疗、鼻腔引流	1. 服用抗炎、抗风湿药 2. 饮食调整、服药治疗 3. 激素、免疫抑制剂	1. 住院、抗结核治疗 2. 休息、镇静、治疗甲亢

表6-2　保健班学生病情分类及运动特点

类别	一般性疾病	先天残疾	心理疾病	运动损伤	手术后恢复
病情状况	身体各系统失衡、心脏病、肺脏病、消化道疾病、体质虚弱等	小儿麻痹症、翼肩、肢体扭曲或缺失等	抑郁症、狂躁症、焦虑症、恐惧等	骨折、关节脱位、肌肉拉伤及韧带损伤等	痔疮手术、肺大疱手术、各类癌症早期手术、运动损伤手术等
运动特点	具有一定的全身运动能力，以低强度的有氧运动为主	动作失调，活动受损	运动量和强度根据学生病情状态进行调整	局部活动受损，应尽量避免大负荷运动	根据不同恢复阶段，循序渐进地安排运动量

第一节　康复保健班常见慢性病

一、心脏病

心脏是人体最重要的器官之一，为血液流动提供动力，推动血液流经身体各个器官和组织，输送氧气和各种营养物质，同时带走二氧化碳、无机盐、尿素和尿酸等代谢终产物，维持细胞正常代谢和功能，是生命中不可或缺的部分。在全球范围内，心血管疾病已成为威胁人类健康的"第一杀手"，其危害不分年龄、身份和地域。

（一）心脏病的危险因素

心脏病是一类影响心脏功能的疾病，包括冠状动脉疾病、心肌病、心律失常、心瓣膜病等。由于心脏病的复杂性，其危险因素也多种多样。随着科技和互联网的快速发展，人们生活节奏加快，压力增大，体力活动减少，使得心脏疾病年轻化趋势愈发严峻。许多年轻人作息不规律，经常熬夜，久坐少动，长此以往造成的结果便是人未老心先衰。心脏病的危险因素是多方面的，涉及生活习惯、遗传因素、环境因素等。以下是一些常见的心脏病危险因素。

（1）年龄：随着年龄的增长，患心脏疾病的风险增大。

（2）性别：在某些年龄段，男性比女性具有更高的心脏病风险。

（3）家族史：如果家族中有心脏病患者，个体的患病风险可能会增高。

（4）高血压：长期高血压会损害心脏和血管。

（5）吸烟：吸烟是心脏病的一个重要危险因素，包括被动吸烟。

（6）高胆固醇：高胆固醇水平可能导致动脉硬化。

（7）糖尿病：糖尿病增加心脏病和中风的风险。

（8）肥胖：体重过重或肥胖会增加心脏的负担。

（9）缺乏运动：缺乏足够的身体活动是心脏病的一个危险因素。

（10）不良饮食习惯：高脂肪、高盐、高糖的饮食可能会增加心脏病的风险。

（11）酒精滥用：长期过量饮酒可能损害心脏。

（12）压力和心理因素：长期的压力和心理问题可能对心脏健康产生负面影响。

（13）睡眠障碍：睡眠呼吸暂停综合征等睡眠问题与心脏病有关。

（14）药物滥用：某些药物或物质的滥用可能对心脏有害。

（二）心脏病的运动康复保健机制

（1）适度运动可改善冠状血管调节能力的适应性变化。血管内皮细胞产生的血管收缩因子和舒张因子在正常情况下处于平衡状态；而高血压、冠心病患者的这种平衡则处于失调状态。运动训练通过调节内皮素（ET）及内皮源性舒张因子 NO 的生成，可使失衡状态达到新的平衡。这是当前运动防治冠心病分子生物学机理研究的重要进展之一。

（2）适度运动可以降低冠心病的危险因素，如高血压、高血脂、高血糖、高血黏度。近年来，研究者从分子水平发现，有氧运动能降低血清总胆固醇、甘油三酯和低密度脂蛋白浓度，使载脂蛋白 B（ApoB）浓度下降；改善对胰岛素的敏感性，提高胰岛素活性及葡萄糖转运蛋白的功能，改善糖尿病患者的葡萄糖代谢稳定性。通过增强迷走神经张力，降低血浆去甲肾上腺素水平，使血压下降；激活纤溶系统，降低血小板黏滞性和血液黏度。

（3）提高运动耐力和心功能储备。采用组织学方法和血管造影技术的研究表明，康复运动使近端冠状动脉增粗，冠状动脉横截面积加大；冠状动脉侧支循环血量明显增加。同时，通过调节内皮功能，改善冠状动脉的扩张能力，增加血流和血管的储备能力。

心脏病康复是指多种协同的、有目的的干预措施的综合，包括康复评估、运动训练、饮食与行为、遵从医嘱等，旨在使患者心脏功能与结构改善，体力与精神状态优化，社会参与程度提高，并预防心血管事件的发生。在过去的 40 年里，心脏病康复从一个监督患者安全地进行体力活动的简单计划逐步发展成为一个综合学科计划，包括术后患者的护理、药物治疗的优化、营养搭配、戒烟、危险分层、压力管理、血压控制及对糖尿病或血脂异常的控制。合理地制定及实行运动训练方案是心脏康复的关键。

（三）体育锻炼与心血管功能

有研究报告指出，每周锻炼 4～5 次、每次 30 分钟以上，可延缓心血管衰老，使心脏保持年轻。延缓心血管衰老所需的最佳锻炼"剂量"一直是专家学者研究的焦点。

不同的锻炼频率会对不同大小的动脉血管产生影响。每周 2～3 次、每次 30 分钟以上的锻炼可以减缓主要向头颈部输送氧气血液的中动脉出现硬化，而要使主要向胸腹部输送氧气血液的大动脉保持年轻，则需要每周 4～5 次、每次 30 分钟以上的锻炼。经常参加各种强度适宜的有氧运动，如快速行走、慢跑、骑自行车等，心脏可以得到锻炼，从而保持年轻活力。研究发现，每天快步走 30 分钟，人们患心脏病的风险可降低 18%。保持健康的生活方式是避免心血管疾病最有效的手段，如合理营养的膳食、适度的体育锻炼、规律的作息、良好的心态等。

（四）心脏病患者体育锻炼及注意事项

不少心脏病患者在患上这种疾病后，开始加强体育锻炼并改善生活习惯。但是，由于存在盲目性，一部分心脏病患者发现加强体育锻炼后，心脏病并未得到理想控制。心脏病的预防与缓解措施如图 6-1 所示。

1. 运动方式

（1）健身走。有规律的健身走可以使心肌收缩力增强，外周血管扩张，具有增强心脏功能、降低血压，预防冠心病的功效。每次坚持 20 分钟～60 分钟，每日 1～2 次。

（2）慢跑。慢跑或原地跑步均可改善心肺功能。至于慢跑的路程及原地跑步的时间应根据每个人的具体情况而定，不必强求。

（3）太极拳和健身气功。太极拳和健身气功对于高血压病、心脏病等都有较好的防治作用。一般而言，体力较好的患者可练二十四式或四十八式太极拳，体力较差者可练简化八式太极拳。不能打全套的，可以打半套，体弱和记忆力差的可以只练个别动作，分节练习，不必连贯进行。

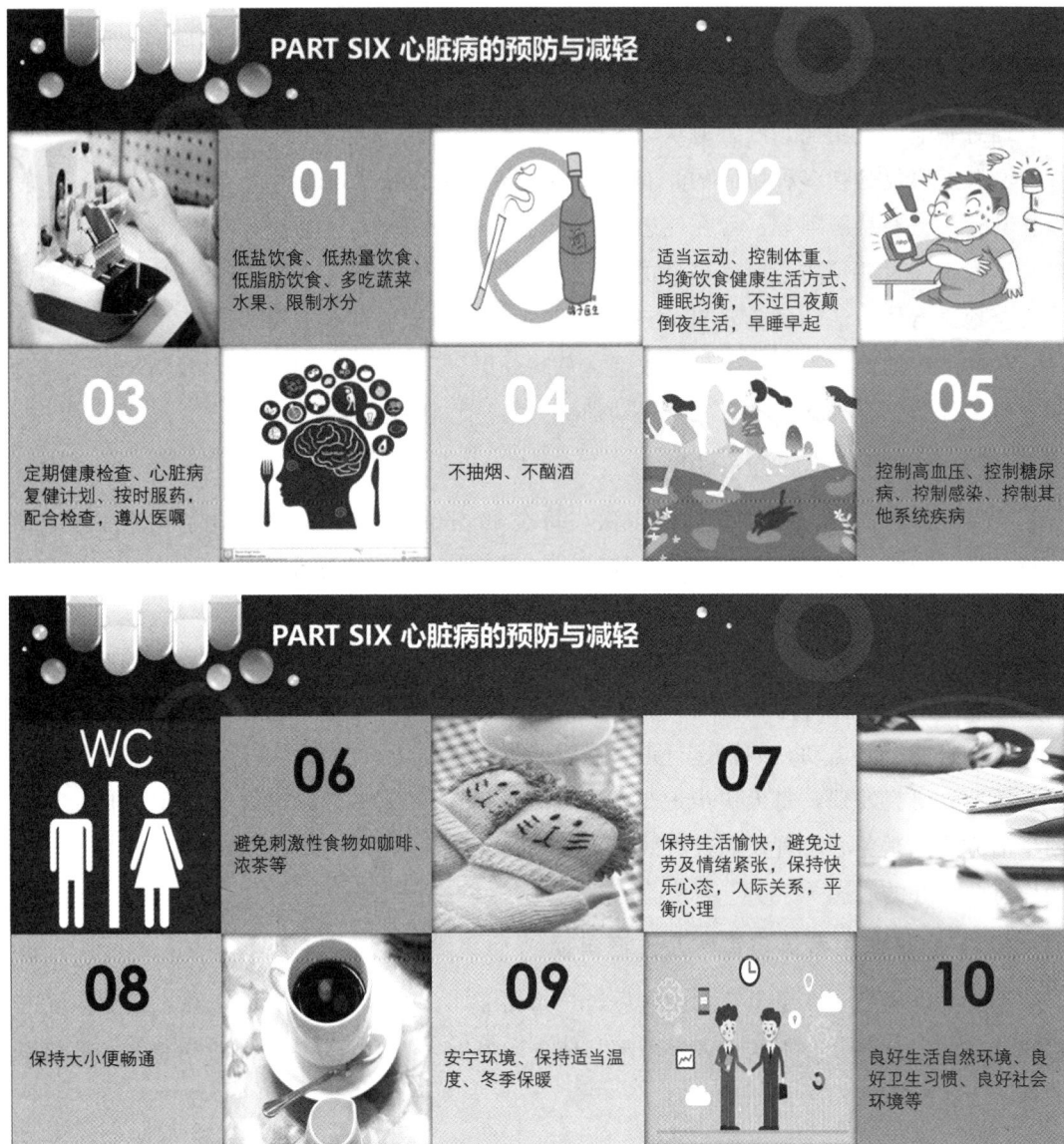

图 6-1 心脏病的预防与缓解措施

2. 注意事项

（1）运动前咨询医生：在开始任何运动计划之前，应与心脏病医生能做些什么和不能做些什么，确保运动计划适合个人健康状况。

（2）参与有氧运动：心脏病患者应以参加有氧运动为主，如健步走、太极拳、游泳等。

（3）避免空腹或饭后立即锻炼：最好在饭后 1 小时进行锻炼，以免增加心脏负担。

（4）适当的运动强度：运动强度不宜过大，应保持在中等强度以内，避免增加心脏负担。

（5）避免早晨锻炼：由于早晨是心脏病发作的高峰期，最好选择下午或傍晚进行锻炼，运动最适宜的温度是 4℃～30℃。

（6）进行间歇训练：对于运动能力有限的患者，可以采用间歇训练法，每次运动 3～10 分钟，每日进行 2～5 次。

（7）监测运动反应：在运动过程中，应注意身体反应，如出现胸痛、呼吸困难等不适症状，应立即停止锻炼并寻求医疗帮助。

（8）运动时若出现头晕，头痛，心慌，恶心，呕吐等不适症状时，应立刻停止，必要时需就医。

（9）避免过度运动：冠状动脉疾病患者过度运动可能导致胸部疼痛并增加疾病风险，因此运动量必须控制在合理范围内。

（10）运动环境选择：心脏病患者应在相对安静的环境中锻炼，避免嘈杂环境对心脏健康造成不利影响。

（11）携带急救药品：健身时应携带急救药品，一旦心脏出现不适，应立即服用并停止锻炼，必要时及时就医。

（五）心脏病患者的饮食调理

心脏病患者的饮食调理是其整体治疗和康复过程中的重要环节。

1. 饮食调理要点

（1）少食：控制总热量摄入，避免过饱，有助于减轻体重和心脏负担。

（2）少脂：减少饱和脂肪和反式脂肪的摄入，选择健康的脂肪来源，如橄榄油、鱼油等。

（3）少盐：减少钠的摄入，有助于控制血压，减轻心脏和血管的负担。

（4）多补充膳食纤维：膳食纤维是一种不能被人体消化、吸收的物质，但它能促进胆酸从粪便中排出，减少胆固醇在体内生成，有助于防治冠心病。纤维主要存在于蔬菜中，以竹笋、芹菜、韭菜为代表，粮食作物中以黄豆、燕麦含量较多。国内认为，人体每天需摄入纤维约 15～30 克，才能满足需要。而据国外报道，如果每天摄入 26 克纤维，就可降低女性患心脏病的风险，同时心肌梗死的风险也相对降低。另外，优先选择全谷物而非精制谷物，可获取更多的营养素和膳食纤维。

（5）多补充维生素：确保足够的维生素 B 族、C 和 E 的摄入，以维持心脏健康和血管功能。例如，维生素 C 能改善冠状动脉的血液循环，保护血管内皮细胞的完整性，还能促进胆固醇转化为胆酸，从而降低血液中有害的胆固醇。维生素 E 具有很强的抗氧化作用，能阻止不饱和脂肪酸发生过氧化，保护心肌，预防血栓。维生素 B_3（即烟酸）不仅能扩张末梢血管，防止血栓形成，还能降低血液中胆固醇含量。

（6）多补充微量元素：微量元素数量不多，但作用很大，心脏病人同样离不开。硒元素能保护心脏，防止病毒感染，是心脏的守护神。铬元素不仅能强化胰岛细胞、预防糖尿病，还能抑制胆固醇的吸收，从而减缓或阻止冠心病的发生和发展。此外，钙、镁、钾、碘等矿物质元素也对心脏健康至关重要。

（7）适量蛋白质和水：选择低脂肪的蛋白质来源，如鱼类、家禽、豆类和豆制品。适量饮水，有助于维持体液平衡和血压稳定。

2. 保护心血管系统的常见食物

（1）猕猴桃。猕猴桃的维生素 C 含量相当丰富，每 100 克猕猴桃中含有 69 毫克维生素 C，这是合成胶原蛋白必不可少的原料之一。当体内的胶原蛋白充足时，就可以打造柔韧性强的血管，并且具有调节血压的作用。

（2）卷心菜。卷心菜对于血液健康有益，除了含有维生素 C、钾、钙、膳食纤维之外，还具有强抗氧化活性的异硫氰酸盐，以及少见的维生素 U 和维生素 K。这些维生素会保护血管黏膜，促进血液循环，使血管更加坚固、有弹性。

（3）玉米。玉米富含脂肪，其中的不饱和脂肪酸，特别是亚油酸的含量达 60％以上，有助于人体脂肪及胆固醇的正常代谢，可以减少胆固醇在血管中的沉积，从而软化动脉血管。

（4）西红柿。西红柿中各种维生素的含量比苹果、梨高 20 多倍，富含维生素 P，可提高机体的氧化能力，消除自由基等体内垃圾，保护血管弹性，具有预防血栓形成的作用。

（5）青鱼。青鱼中含有丰富的不饱和脂肪酸，能改善血液黏稠度。青鱼还含有丰富的DHA，可以降低人体内坏胆固醇的含量，是血液不可替代的"清道夫"，有助于降低血栓、血脂的形成概率，让内脏功能时刻保持良好状态。

3. 注意事项

（1）食疗处方应在医生指导下根据个人体质和病情使用。

（2）心脏病患者应避免高脂肪、高盐、高糖的食物，保持饮食清淡。

（3）食疗方案中的食物应保证新鲜，避免过敏原。

（4）食疗不应与医生开具的药物治疗方案相冲突。

（5）患者应定期检查身体，监测食疗效果，并及时进行调整。

此外，心脏病患者除了食疗外，还应注重生活方式的调整，包括适度运动、戒烟限酒、保持良好的心理状态等，以综合管理心脏健康。

二、呼吸系统疾病

呼吸系统是人体重要的生理系统之一，它不仅负责气体交换，还有多种其他功能。呼吸系统由呼吸道（鼻、咽、喉、气管和各级支气管）和肺泡组成。肺脏是呼吸系统的主要器官，肺部疾病属于呼吸系统疾病。人体为了完成新陈代谢需要不断从空气中摄取氧气和排出二氧化碳（气体交换），这种气体交换称为呼吸。肺通气和肺换气，以及气体在血液中的运输称为外呼吸（亦叫肺呼吸）；气体经过血液运输到达组织后，血液与组织细胞或组织液之间的气体交换称为内呼吸（亦叫组织呼吸），故肺脏与心血管系统有着密切的联系。肺脏除了呼吸功能外，还具备非呼吸性的防御、免疫及内分泌代谢功能。

（一）气管炎

气管炎是一种常见的呼吸系统疾病，可以分为急性和慢性两种类型。

1. 气管炎预防

针对气管炎，以下是一些重要的预防措施：

（1）防止运动性过敏：①气管炎患者应适当进行体育锻炼，如呼吸操、太极拳、气功等，以增强机体抗病能力；②冬季锻炼时，注意避免剧烈运动后立即接触寒冷空气，以减少运动性过敏的发生；③运动前做好热身活动，提高身体对寒冷的适应能力；④锻炼前1～2小时避免进食，以防止运动性过敏的发生。

（2）避免温差过大：①冬季室内采暖时，注意保持适当的温度，避免室内外温差过大；②使用排风扇或适时开窗，保持室内空气流通，减少因空气不流通导致的感冒风险；③根据室内外温度变化，及时调整衣物，以适应环境，避免因温差引起身体不适。

（3）增强免疫力：①通过均衡饮食、充足睡眠和适量运动，提高身体的免疫力，减少感染的机会；②吸烟和二手烟是气管炎的重要诱因，戒烟并避免吸入二手烟对预防气管炎至关重要。

（4）保持室内空气湿度：使用加湿器或定期通风，保持室内适宜湿度，避免空气过于干燥。

（5）避免接触刺激物：减少接触灰尘、花粉、宠物皮屑等可能引起呼吸道刺激的物质。

（6）定期医疗检查：定期进行呼吸系统的医学检查，尤其是有慢性支气管炎症状的患者。

（7）合理用药：在医生指导下，合理使用药物，如抗生素（用于细菌感染）、支气管扩张剂或抗炎药物。

（8）保持良好的个人卫生：勤洗手，减少病毒和细菌的传播。

2. 气管炎患者运动干预

运动干预是气管炎患者整体治疗和康复计划的重要组成部分。以下是对气管炎患者运动干预的一些建议。

（1）呼吸功能锻炼：①胸式呼吸和腹式呼吸有助于增强呼吸肌的力量和提高其效率；

②简易呼吸操可以提高肺部的通气能力；③通过加深呼吸和采用正确的呼吸方法（鼻呼吸或鼻吸口呼）可以提高气体交换效率；④建议每日进行两次呼吸功能锻炼，每次 20～30 分钟。

（2）有氧运动：气功、太极拳、慢跑等有氧运动有助于提高心肺耐力和整体身体素质。有氧运动应根据个人体能适度进行，避免过度。

（3）环境选择：①避免在寒冷干燥的环境中锻炼，以减少对呼吸道的刺激和水分、热量的流失；②选择温暖湿润的环境可以减少呼吸道不适。

（4）避免剧烈运动：气管炎症时呼吸道可能受限，通气不足，剧烈运动可能导致气道痉挛。

（5）监测身体反应：注意身体在运动中的反应，如出现呼吸困难、胸痛或过度疲劳，应立即停止运动。

（6）保持恒心：持之以恒地进行锻炼，以达到最佳的康复效果。

气管炎患者在进行运动干预时，应注重安全性和适度性，避免过度劳累和对呼吸道造成额外负担。通过适当的运动，不仅可以改善呼吸功能，还能提高生活质量和增强抵抗力。

（二）气胸

"爆肺"是气胸的俗称，指胸膜腔里进了空气。在正常情况下肺和肋骨之间是没有气体存在的，若肺部表面的气泡或肺膜破裂，空气便会由肺部渗漏进胸腔，造成气胸。人体的肺与胸壁之间有一密闭的潜在性腔隙，称为胸膜腔。正常情况下，胸膜腔内没有气体存在，只存在着极少量的液体。当肺部漏气，空气流入胸膜腔，胸膜腔内压力升高，肺部受到压缩，导致肺功能出现障碍，如呼吸困难，情况严重的会影响心脏功能，甚至危及生命。

1. 气胸发生机理

（1）"爆肺"一部分是由车祸、意外引起的创伤性气胸。60％～70％ "爆肺"个案，属于自发性气胸。自发性气胸是由于肺部的肺大疱破裂引起。在一些先天因素的影响下，部分个体的小肺疱会融合成一个巨大的没有气体交换功能的肺大疱。当肺内压力突然增加时，如喷嚏、咳嗽、搬提重物等，肺大疱容易破裂导致气胸。

（2）在日常生活中，剧烈运动、过度屏气、高喊、大笑、举重物都可能引发气胸；慢性阻塞性肺疾病的患者容易出现自发性气胸。自发性气胸发生时，患者一般先会感觉有剧烈的胸痛，然后由于肺叶被压缩会出现呼吸困难，严重者会导致纵隔摆动，出现烦躁不安、大汗淋漓等症状，甚至引发休克危及生命。

（3）自发性气胸好发于瘦高体型的人。瘦高体型的人脂肪少，胸壁较薄，缓解外界压力的功能较差；有些瘦高体型的人肺部发育不全。男性发病率远远多于女性，比例为

6∶1。自发性气胸的复发率很高，部分病人会在首次发病后 1 个月内复发。

（4）有过自发性气胸的人平时要注意防治感冒，减少咳嗽，保持大便通畅，避免屏气。另外，瘦高体型的人如果在剧烈咳嗽或用力过猛之后出现胸痛和呼吸困难，要警惕自发性气胸的可能，及时到医院就诊，以免耽误治疗。

2. 气胸患者的运动注意事项

气胸患者在康复期间进行适当的锻炼是有益的，但必须谨慎，以避免复发或其他并发症。以下是气胸患者运动时应注意的事项。

（1）适当锻炼：锻炼应适度，避免过度，以免对肺部造成额外压力。

（2）循序渐进：从低强度的活动开始，逐渐增加运动量和强度。

（3）上肢和呼吸锻炼：可以进行一些上肢运动和呼吸练习，有助于恢复肺功能。

（4）避免用力屏气：屏气可能导致胸膜腔内压力增加，增加气胸复发的风险。

（5）温和的有氧运动：选择如慢跑、快走、游泳等对心肺功能有益的温和的有氧运动。

（6）避免力量爆发性动作：避免举重、拔河、短跑、跳舞、打球等可能引起胸膜压力突然变化的运动。

（7）痊愈后的注意事项：即使气胸痊愈后，在 1 个月内也应避免剧烈运动。

（8）避免重物：不要抬举或搬动重物，以免对胸部造成压力。

（9）医生指导：在开始任何锻炼计划之前，应咨询医生或健康专业人员。

（10）监测身体反应：注意身体在锻炼中的反应，如出现胸痛、呼吸困难等症状，应立即停止锻炼并寻求医疗帮助。

（11）环境选择：选择安全、舒适的环境进行锻炼，避免极端天气条件。

气胸患者在进行锻炼时，应始终注意身体的感受，避免任何可能导致胸膜腔内压力增加的活动。通过适当的锻炼，可以促进康复，提高生活质量。

（三）肺病的食疗调理

食疗在肺病的辅助治疗和康复中扮演着重要角色，可以帮助改善症状、增强机体抵抗力并促进身体健康。

肺病食疗的注意事项如下。

（1）适量食用：食疗应适量，不宜过量，以免加重肠胃负担。

（2）个体差异：不同体质和病情的患者，食疗方案应有所调整，最好在医生或营养师的指导下进行。

（3）综合调理：食疗应与其他治疗手段如药物治疗、运动锻炼等相结合，形成综合调理方案。

（4）食物新鲜：选择新鲜、无污染的食材，避免食物中毒。

（5）烹饪方法：尽量采用清淡的烹饪方式，减少油脂和盐分的摄入。

通过合理的食疗调理，不仅可以辅助改善肺病症状，还能提高患者的生活质量和身体素质。然而，食疗不能替代正规的医疗诊治，患者应根据自身情况，配合医生的治疗方案。

（四）肺部疾病的水果选择

1. 梨

梨是我们生活中比较常见的一种水果，具有很好的润肺清热和消痰降火的功效。对于肺炎患者来说，食用梨可以达到清胃泻热、滋肾补虚、通便等作用，对于辅助治疗肺部疾病及其并发症有着不错的效果。

2. 苹果

苹果对肺部颇有益处，每周食用 5 个或 5 个以上的苹果可以改善呼吸系统和肺功能。而且，每天吃一个苹果能增强免疫力，不易生病。苹果中含有大量名叫"槲皮苷"的黄酮类抗氧化物，槲皮苷是一种广泛存在于植物中的黄酮类单体化合物，具有抗氧化、抗肿瘤、降血糖、降血脂等多种药理作用。槲皮苷具有一定的抗炎活性，主要表现为对炎性因子的抑制作用。这种抗氧化物能保护肺部免受污染与吸烟的有害影响。洋葱、茶和红葡萄酒中也含有槲皮苷。

3. 柑橘

柑橘是常见的水果之一，具有生津止渴、润肺止咳、醒酒、利尿等功效，适用于身体虚弱、热病后津液不足口渴、醉酒口渴等症。榨汁或蜜煎柑橘，治疗肺热咳嗽尤佳。

4. 甘蔗

蔗汁性平味甘，为解热、生津、润燥、滋养之佳品，能助脾和中、消痰镇咳、治噎止呕，有"天生复脉汤"之美称，可用于治疗口干舌燥、津液不足、大便燥结、高烧烦渴等症。

（五）肺部疾病的运动干预

肺部疾病的运动干预是肺病康复的重要组成部分，旨在提高患者的心肺功能、增强身体素质和提高生活质量。以下是对肺心病和慢阻肺患者运动干预的一些建议。

（1）腹式缩唇呼吸：通过腹式呼吸和缩唇呼气，可以增强肺活量，提高呼吸效率。

（2）肌肉锻炼：在专业医师的指导下进行腹式呼吸、扩胸、举臂以及哑铃训练等，增强呼吸相关肌群的力量。

（3）有氧运动：若患者身体允许，可适当进行慢跑、游泳、瑜伽等有氧运动，增强心肌收缩力，改善肺活量和肺功能。

（4）吹气球和唱歌：吹气球和唱歌有助于增加肺活量，特别是吹气球，效果尤为明显。

（5）被动运动：对于身体条件欠佳的患者，可采用超短波、微波、低频神经肌肉电刺激或超声药物导入等方法，促进肺组织的血液循环和淋巴回流。

（6）适度运动：避免超负荷运动，以免增加心肺负担。

（7）适宜的气候和环境：在适宜的气候和环境中进行运动，避免极端天气条件下运动。

通过适当的运动干预，肺心病和慢阻肺患者可以提高心肺功能，增强身体素质，提高生活质量。需要注意的是，运动干预应在医生的指导下进行，以确保安全性和有效性。

三、新陈代谢疾病

新陈代谢是维持生命活动的基本保障。机体之所以能保持健康状态，是因为通过新陈代谢不断获得能量并消耗能量，同时将废物和毒素排出体外。新陈代谢疾病，简称代谢性疾病，主要是由于身体的能量和营养供给或分配障碍所诱发的一系列疾病。这些疾病可由代谢障碍或代谢异常亢进等因素引发。

新陈代谢性疾病有多种类型，目前常见的包括糖尿病、甲状腺功能异常、血压异常、高脂血症和痛风等。

（一）低血压

血压是指心脏泵血时对周围动脉血管壁产生的压力。它主要由心脏的收缩力、血管的弹性及循环系统中流动的血液量决定。低血压是指体循环动脉压力低于正常水平的状态。尽管高血压因其可能引起心、脑、肾等重要器官损害而受到广泛关注，世界卫生组织（WHO）也对高血压的诊断标准有明确规定，但低血压的诊断标准尚未统一。一般认为，成年人上肢动脉血压低于 12/8 kPa（90/60 mmHg）时，可诊断为低血压。

低血压的常见症状包括头晕、视野模糊、恶心、疲劳、注意力不集中、怕冷、脸色苍白、脉搏微弱等。极度低血压患者可能发生昏厥、跌倒或一过性脑缺血。长期低血压可能导致身体各项机能下降，表现为头晕、容易跌倒，并可能造成骨折或脑出血。此外，乏力和精神倦怠可能引起心情压抑和情绪低落。

低血压可以根据病因分为生理性和病理性两种类型，根据起病形式可分为急性和慢性低血压。

1. 低血压运动干预

加强体育锻炼对高血压和低血压均有调节作用。

如果存在低血压，首先需要明确具体的血压数值。如果低血压仅是体质虚弱引起的，平时应避免进行过于剧烈的运动。适宜强度的无氧运动或有氧运动还是可以的，如快走、慢跑、体操、瑜伽、游泳、羽毛球和乒乓球等。低血压患者通过适当的体育锻炼，可以提高心脏和肺脏的功能；同时，可以使交感神经兴奋性增强，促进儿茶酚胺类物质的分泌，这有利于血压的升高。长期坚持适量的运动，有助于使血压逐渐恢复到正常水平。

2. 低血压的饮食调理

（1）饮食应平衡，适量食用鹿肉、狗肉、羊肉、生姜、龙眼等食物，以及浓茶、咖啡等饮料，这些均有助于血压的升高。同时增加营养摄入，多喝水，多喝汤，有助于低血压患者恢复。

（2）平时应多食用山药、薏苡仁、桂圆、荔枝、枸杞子、栗子、核桃、红枣、瘦猪肉、鸡肉、鸽子等，这些食物有助于促使血压回升。此外，患者还应多吃富含维生素和微量元素的水果和蔬菜，以及黄豆、红豆、黑豆等豆制品，确保营养摄入均衡。

（3）莲子、桂圆、大枣、桑葚等果品具有养心益血、健脾补脑的功效，适合经常食用。低血压患者还可以适当食用能刺激食欲的食物和调味品，如姜、葱、醋、酱油、糖、胡椒、辣椒、啤酒、葡萄酒等。

（4）若伴有红细胞计数低或血红蛋白不足的贫血症状，宜适当多食用富含蛋白质、铁、铜、叶酸、维生素 B_{12}、维生素 C 等"造血原料"的食物，如猪肝、猪骨、蛋黄、瘦肉、豆奶、鱼虾、鱼卵、红糖、贝类、核桃仁、大豆、豆腐及新鲜蔬菜和水果。

（5）与高血压相反，低血压患者宜选择适当的高钠、高胆固醇饮食。氯化钠（即食盐）每日摄入量应为 12～15 克。适量常吃含胆固醇较多的食物，如脑、肝、蛋、奶油、鱼卵、猪骨等，有利于提高血胆固醇浓度，增加动脉紧张度，使血压上升；常吃生姜能促进消化、健胃、升高血压，可将姜末撒于菜汤中或用姜末泡水代茶。

（6）应少吃具有降压效应的食品，如冬瓜、玉米、西瓜、山楂、苦瓜、绿豆、海带、洋葱等；避免食用生冷、寒凉、破气的食物，如菠菜、萝卜、芹菜、冷饮等。

低血压患者应保持心情舒畅，作息规律，减少熬夜，情绪稳定；不宜饮酒，避免过度疲劳。如果出现手脚无力、头晕、恶心或其他不适症状，应及时就医治疗。低血压的原因多种多样，最常见的是血容量不足，如消化道出血、腹泻、大量出汗等，这种情况通常需要补充血容量。

（二）青少年高血压

1. 青少年高血压的成因

青少年高血压的常见原因包括内分泌不稳定、遗传因素、肥胖、精神因素，以及过早接触酒精、吸烟或不良生活习惯，如熬夜、劳累等。

（1）青春期内分泌不稳定可能导致异常高血压，但青春期过后，血压通常会恢复到正常水半。

（2）家族遗传可能导致青少年高血压，此外，肾病、甲状腺功能亢进等也可能引发青少年高血压。

（3）肥胖是青少年高血压的重要原因之一；肥胖诱发的睡眠呼吸暂停综合征也可能引起高血压。因此，应重视饮食和生活习惯，严格控制体重。

（4）青少年高血压可能与精神紧张及学习、工作、人际关系等压力过大有关，过度兴奋的交感神经可能导致血压升高。

2. 青少年高血压的危害

青少年高血压的危害性很大，主要症状包括头晕、头痛、眼花、胸闷、乏力、夜尿增多等。长期高血压可能导致以下后果：

（1）高血压性心脏病，进而可能导致心力衰竭甚至猝死。

（2）脑卒中的危险因素，长期高血压可能导致脑出血、脑梗死。

（3）慢性肾功能衰竭。

（4）视网膜小动脉早期痉挛，后期可能出现视网膜渗出和出血，甚至失明。

（5）高血压严重影响身体健康，一旦确诊应接受规范治疗，以减少靶器官损害，降低死亡率。

3. 青少年高血压的运动干预

（1）等长运动：也称为静态运动，指肌肉在收缩时长度不发生变化，不产生关节运动的运动方式。例如，靠墙静蹲、平板支撑、臀桥、扎马步、踮脚尖（提踵）等。

（2）有氧运动：在身体条件允许的情况下，青少年可以通过快走、跑步、游泳、骑自行车等有氧运动来帮助降低血压。一般建议每周进行150～300分钟的中等强度有氧运动，或75～150分钟的高强度有氧运动；也可以将中等强度和高强度有氧运动相结合。每次有氧运动至少持续30分钟，建议每周运动5～7天，每天最多连续或累计运动60分钟。

（3）柔韧性训练：柔韧性训练同样有助于降低血压。进行肌肉牵伸时，每块肌肉应保持10～30秒，每个肌肉群重复2～4次。拉伸至感觉紧绷或轻微不适的程度。

4. 青少年高血压的饮食调理

（1）控制能量摄入：应优先选择复合糖类，如淀粉和玉米；减少单糖的摄入，如葡萄糖、果糖和蔗糖，因为它们可能导致血脂升高。

（2）限制脂肪摄入：烹饪时推荐使用植物油，并适量食用海鱼。海鱼富含不饱和脂肪酸，有助于胆固醇氧化，降低血浆胆固醇水平，延长血小板凝聚时间，抑制血栓形成，预防中风。此外，海鱼中的亚油酸有助于增强微血管弹性，预防血管破裂，对防止高血压并发症有积极作用。

（3）适量摄入蛋白质：建议高血压患者每日蛋白质摄入量为每公斤体重1克。每周2～3次食用鱼类，可以改善血管弹性和通透性，促进尿钠排泄，从而有助于降低血压。若高血压患者合并肾功能不全，应适当限制蛋白质摄入量。

（4）增加钾、钙摄入，减少钠摄入：推荐食用富含钾和钙而低钠的食物，如土豆、茄子、海带、莴苣。高钙食品包括牛奶、酸奶和虾皮。应减少肉汤的摄入，因为肉汤中的氮浸出物可能增加体内尿酸，加重心脏、肝脏和肾脏的负担。

（5）限制盐摄入：每日盐摄入量应逐渐减少至 6 克以下，包括烹饪用盐和其他食物中的钠含量。适量减少钠盐摄入有助于降低血压，减少体内水钠潴留。

（6）增加新鲜蔬菜和水果摄入：每天至少摄入新鲜蔬菜 400 克、水果 100～200 克。

（7）增加海产品摄入：适量增加海带、紫菜和海鱼的摄入。

青少年高血压的发生部分受遗传因素影响，但不良生活方式的影响同样显著。因此，青少年应保持健康的生活习惯和运动习惯，以预防高血压的发生。

四、免疫性疾病

免疫性疾病是由于免疫系统的紊乱和调节功能失衡引起的疾病。广义上，这类疾病还包括由先天或后天因素导致的免疫系统结构或功能异常。

免疫力主要由两个部分组成，即细胞免疫和体液免疫。细胞免疫主要由 T 细胞执行，而体液免疫则由免疫球蛋白负责。当外来物质，如细菌或外来蛋白质侵入机体时，免疫细胞会将其包围、分解并清除。同时，免疫球蛋白会大量产生抗体，以对抗入侵者，这是正常人体免疫功能的表现。

正常的免疫反应是适度和及时的，受高级神经中枢的调节控制。如果调控失常，可能导致异常的免疫反应，这不仅对机体无益，甚至可能损害机体，形成新的疾病，即自身免疫性疾病。

自身免疫性疾病是指免疫系统对自身组织成分产生免疫反应，导致组织损害和疾病。正常情况下，免疫系统仅对外来物质，如细菌、病毒、寄生虫和移植物等产生反应。但在某些因素影响下，免疫系统可能将自身组织误认为外来物进行攻击，产生针对自身组织的抗体和活性淋巴细胞，损害自身组织器官，导致疾病。

自身免疫性疾病通常由过度的免疫反应引起，导致大量免疫细胞和免疫球蛋白堆积，损害正常组织，引发病变和功能障碍。例如，发生在皮肤可能表现为过敏性皮炎及其他皮肤损伤；发生在关节可能导致关节炎；发生在肾脏则可能引起肾炎。

常见的自身免疫性疾病包括系统性红斑狼疮、类风湿性关节炎、硬皮病、甲状腺功能亢进、1 型糖尿病、原发性血小板减少性紫癜、自身免疫性溶血性贫血、溃疡性结肠炎，以及多种皮肤病和慢性肝病等。

（一）系统性红斑狼疮

系统性红斑狼疮（SLE）是一种由免疫系统异常激活引起的慢性弥漫性结缔组织病，导致免疫系统错误地攻击自身组织。近年来，系统性红斑狼疮早期、轻型和不典型病例的诊断数量逐渐增多。

系统性红斑狼疮的发病机制涉及遗传因素、环境因素和雌激素水平等多种因素的相互作用。这些因素可能导致 T 淋巴细胞数量减少、T 抑制细胞功能降低、B 细胞过度增生，结果导致患者体内产生大量自身抗体，并与相应的自身抗原结合，形成免疫复合物。这些免疫复合物沉积在皮肤、关节、小血管、肾小球等部位，在补体系统的参与下，引发急性和慢性炎症反应及组织坏死，例如狼疮性肾炎等。

此外，抗体也可能直接与组织细胞的特异性抗原结合，导致细胞破坏。例如，红细胞、淋巴细胞和血小板表面的特异性抗原与相应的自身抗体结合，可能分别引起溶血性贫血、淋巴细胞减少症和血小板减少症。这些病理变化最终导致机体多系统受损。

1. 临床表现

（1）一般症状：系统性红斑狼疮患者中女性明显多于男性，男女比例约为 1∶7 至 1∶9，常见于 20～40 岁年龄段，但幼儿和老年人也可发病。常见症状包括疲乏无力、发热和体重减轻。

（2）皮肤和黏膜表现多样，可分为特异性和非特异性两类。特异性皮损包括蝶形红斑、亚急性皮肤型红斑狼疮、盘状红斑；非特异性皮损包括光过敏、脱发、口腔溃疡、皮肤血管炎（紫癜）、色素沉着或减退、网状青斑、雷诺现象、荨麻疹样皮疹，以及较少见的狼疮脂膜炎、深部红斑狼疮和大疱性红斑狼疮。

（3）骨骼肌肉症状包括关节痛、关节炎、关节畸形、肌痛、肌无力、缺血性骨坏死和骨质疏松。

（4）心脏受累可能表现为心包炎、心肌炎，主要症状为充血性心力衰竭和心瓣膜病变，如利布曼-萨克斯（Libman-Sacks）心内膜炎。冠状动脉炎较为少见，症状包括胸痛、心电图异常和心肌酶水平升高。

（5）呼吸系统受累可表现为胸膜炎、胸腔积液和肺缩综合征，主要症状为憋气感和膈肌功能障碍。肺间质病变、肺栓塞、肺出血和肺动脉高压也可能发生。

（6）肾脏受累的临床表现为肾炎或肾病综合征。肾炎时，尿液中可能出现红细胞、白细胞、管型和蛋白尿。肾功能在早期可能正常，但随着病情进展，后期可能会出现尿毒症。肾病综合征表现为全身水肿，伴有不同程度的腹腔、胸腔和心包积液，以及大量蛋白尿。

（7）神经系统受累可能表现为抽搐、精神异常、器质性脑综合征，包括器质性遗忘、认知功能障碍、痴呆和意识改变。其他症状还包括无菌性脑膜炎、脑血管意外、横贯性脊髓炎、狼疮性脑病以及周围神经病变。

（8）血液系统症状包括贫血、白细胞计数减少、血小板减少、淋巴结肿大和脾肿大。

（9）消化系统症状包括恶心、呕吐、腹泻、腹水、肝大、肝功能异常和胰腺炎。较少见的情况有肠系膜血管炎、布加综合征（Budd-Chiari 综合征）和蛋白丢失性肠病。

2. 运动干预

红斑狼疮患者的运动干预需谨慎进行。

急性发病期：病情严重时应卧床休息。此时患者身体极其虚弱，卧床有助于减少能量消耗，预防疲劳，勉强活动可能加重病情。

康复保健期建议采用以下运动方式。

（1）肌肉锻炼：包括等距训练，例如自主肌肉收缩；等张训练，例如举重训练（举哑铃或其他重物）。这些运动有助于改善肌肉强度减弱和肌肉萎缩。

（2）轻柔的伸展运动：如瑜伽、太极、普拉提，可增加柔韧性和灵活性，保持关节活动幅度，改善姿势，加强平衡和协调能力，缓解疼痛。

（3）有氧运动：建议每周至少3次，每次30～60分钟，包括跳舞、水上运动、骑自行车或步行。控制心率在最大心率的70%～80%（最大心率＝220－年龄）。可从每次20分钟开始，逐渐增加，以增强耐力。

3. 运动注意事项

（1）户外运动注意防晒：紫外线可能诱发狼疮，即使阴天也需防晒。户外运动时应戴帽子，穿长袖衣裤，涂抹防晒霜。

（2）根据自身耐受情况选择运动：没有一项运动适合所有患者。需根据病情和耐受能力，选择合适的运动时间和方式；遵循身体感受，全面了解病情和身体状况。

（3）循序渐进：从小幅度运动开始，每周增加10%的运动强度和时间。如第一周每天步行20分钟，第二周可增至22分钟。若运动后关节或身体其他部位疼痛持续超过2小时，说明运动强度过大。

（4）避免在关节发热、肿胀或发软时运动：因为这可能加重症状。

（5）咨询医生：在开始或调整运动方案前，应及时与医生沟通。未经医生许可，避免进行剧烈运动。

4. 饮食注意事项

狼疮患者对饮食并无特殊的禁忌，但以下两种情况需要注意：一些光敏感的食物，比如芹菜、香菜、菠菜等，会增加对紫外线的敏感性，可以选择在晚餐时食用；雌激素类保健品，如蜂王浆等富含雌激素的保健品一定要慎用，因为雌激素是狼疮的诱发因素之一。

（二）类风湿性关节炎

类风湿关节炎（RA）是一种慢性、系统性的炎症性疾病，其确切病因尚未完全明了。这种疾病主要以炎性滑膜炎为特征，影响手和足的小关节，表现为多关节、对称性、侵袭性的关节炎症。RA常伴有关节外器官受累，并且患者血清中可能出现类风湿因子阳性，这些因素均可导致关节畸形和功能丧失。

RA的发病机制可能涉及多种因素，包括遗传倾向、感染因素、性激素水平等。在病理上，RA主要表现为滑膜衬里细胞的增生、大量炎性细胞在关节间质的浸润，以及微血管的新生、血管翳的形成，最终导致软骨和骨组织的破坏。

1. 临床表现

（1）易发人群：女性更易患此病，发病率约为男性的2～3倍。RA可影响任何年龄的人群，但40～60岁为高发年龄段。

（2）症状体征：患者可能出现体重减轻、低热和疲乏等全身症状。晨僵是关节炎症的非特异性表现，其持续时间通常与炎症的严重程度相关。RA通常表现为对称性多关节炎，影响多个关节（通常至少5个），常见受累关节包括手、足、腕、踝和颞颌关节，也可能影响肘、肩、颈椎、髋和膝关节等。

（3）病情分期：①早期主要表现为滑膜炎，尚未出现软骨破坏；②中期炎症持续，伴有关节破坏和关节外表现；③晚期关节结构已遭破坏，滑膜炎不再进展。

2. 运动干预

风湿关节炎患者应进行适量的运动，但在病情活动期，尤其是伴有滑膜炎时，应避免剧烈运动，如跑步和跳绳，以防对关节软骨造成损伤。

适宜的运动方式包括：

（1）小关节活动：有助于减轻关节畸形。

（2）关节伸展运动：全身各关节应自上而下逐步拉伸，注意拉伸强度不应引起疼痛。这有助于促进血液循环，增加心肌收缩力，提高氧气摄入量，促进新陈代谢。

（3）避免爬山：因为爬山会增加关节负担，可能损伤膝关节和踝关节。

3. 日常注意事项

（1）关节保温：保持关节温暖，适宜居住在阳光充足、通风良好、干燥的环境中。

（2）关节功能训练：如睡前和起床后在床上进行双下肢蹬自行车运动，以锻炼膝关节，促进局部血液循环。

（三）甲状腺功能亢进症

甲状腺功能亢进症，简称"甲亢"，是由于甲状腺合成并释放过多的甲状腺激素，导致全身代谢亢进和交感神经过度兴奋。

1. 临床表现

（1）代谢亢进：患者需要增加摄入量，胃肠蠕动加快，排便次数可能增多。

（2）体重减轻：尽管进食增多，但由于氧化反应增强，机体能量消耗增加，患者体重反而下降。

（3）产热增多：患者可能感到怕热，出汗量增加，部分患者还可能出现低热。

（4）心血管系统：心悸、心动过速是常见症状，患者还可能失眠、情绪易激动，甚至焦虑。

（5）眼部症状：多数患者伴有突眼、眼睑水肿、视力下降等症状。

（6）心脏病变：长期未治疗的甲亢患者可能发展为甲亢性心脏病。

2. 发病原因

甲亢的发病原因多样，主要包括以下几种。

（1）精神刺激和压力过大：这是当前甲亢发病率增高的重要原因之一。甲亢是一种自身免疫性疾病，精神刺激可导致免疫系统紊乱，从而引发疾病。因此，学会及时释放压力，保持平和心态，对预防甲亢具有积极作用。

（2）外伤和感染：外伤如摔伤、车祸等，以及感染如严重感冒或肺炎，都可能成为甲亢的诱因。因此，注意自我保护，及时治疗疾病，避免病情加重至关重要。

（3）遗传因素：甲亢具有家族遗传倾向。如果家族中有成员患病，其他成员患病的风险也会相应增加。

（4）摄碘过多：碘是合成甲状腺激素的重要元素。适量摄入碘对健康有益，但过量摄入则可能导致甲状腺激素分泌过多，从而引发甲亢。

3. 运动干预

甲亢患者在大多数情况下不需要长时间卧床休息，适当的体育运动对健康有益。但运动的适宜性取决于甲亢的控制情况。

（1）甲亢未控制或治疗初期：此时患者不宜进行运动。由于甲状腺激素的兴奋作用，患者可能出现高代谢症状，如心慌、怕热、多汗、多食、大便次数增多、腹泻、体重下降、心律不齐和心房纤颤等。运动可能会加重这些症状，并增加心脏负担，引发其他并发症。

（2）甲亢控制后：当甲状腺激素水平趋于正常，患者可以开始适量运动，如游泳、太极拳、散步和瑜伽等。运动应根据个人情况调整，以微微出汗且不影响病情为原则。

4. 饮食禁忌

甲亢患者应遵循以下饮食原则。

（1）低碘饮食：避免食用高碘食物，如海带、紫菜、海产品等，尽量选用无碘盐。

（2）避免辛辣食物：辛辣食物如辣椒、芥末等可能引起情绪波动，促使甲状腺激素释放，导致病情不稳定。

（3）避免刺激性食物和饮品：咖啡、浓茶等可能引起交感神经兴奋，导致心率加快，进而影响病情稳定或诱发复发。

（四）青少年型糖尿病

青少年型糖尿病，即 1 型糖尿病，是一种与 2 型糖尿病完全不同的糖尿病类型。1 型糖尿病属于自身免疫性疾病，通常由自身免疫系统错误地破坏胰岛 β 细胞引起，导致胰岛素分泌不足。因此，患者必须依赖外源性胰岛素治疗。目前，1 型糖尿病在全球范围内尚无根治方法。

1. 发病原因

关于1型糖尿病的发病原因，存在一些误区，如错误地认为"吃太多糖了"。实际上，大多数1型糖尿病患者的发病与自身免疫反应有关：免疫系统攻击并破坏胰腺中的β细胞，将这些细胞视为外来入侵者。遗传因素在β细胞的自身免疫损伤中起重要作用。尽管具体机制尚不完全清楚，但可能涉及自身抗体、病毒感染、氧自由基等因素。

2. 发病症状

1型糖尿病的典型症状包括多尿、口渴、易饥和体重减轻，俗称"三多一少"（多饮、多尿、多食和消瘦）。这些症状主要由血浆葡萄糖水平升高引起，反映了由于胰岛素分泌不足导致的糖、脂肪和蛋白质代谢紊乱，进而影响患者正常的生理功能。1型糖尿病通常在儿童和青少年时期发病，病情进展较快，症状明显，严重时可发生酮症酸中毒。

尽管人类目前还无法治愈1型糖尿病，但通过科学合理的方法，绝大多数患者能够过上正常生活，享有与其他人同等的生活质量和寿命。1型糖尿病的综合管理应以健康教育、生活方式改变和心态调整为基础，以饮食控制、适量运动和药物治疗等综合治疗手段为核心，并需要患者本人和家属的积极参与，以实现最佳治疗效果。

3. 青少年1型糖尿病的日常护理措施

（1）饮食调节：饮食调节对于1型糖尿病患者至关重要。合理的饮食可以帮助控制血糖水平，减少对药物治疗的依赖。患者应适当控制碳水化合物的摄入量，避免高糖食品，并合理分配主食摄入，以减轻胰岛β细胞的负担。值得注意的是，1型糖尿病患者由于胰岛素分泌不足，通常不能完全依赖饮食控制来达到治疗效果，胰岛素注射治疗是必不可少的。

（2）运动锻炼：运动锻炼是1型糖尿病治疗的重要组成部分。适量的运动有助于提高身体对胰岛素的敏感性，促进肌肉对葡萄糖的利用，从而有助于降低血糖。患者应根据自己的身体状况选择适宜的运动形式，如散步、做操、打拳或糖尿病养生功等。运动计划应循序渐进，持之以恒，并注意定时、定量，避免过度疲劳，以免导致血糖波动。

第二节　脊柱畸形

脊柱的健康和对齐状态对身体的整体功能有重要影响。人体的脊椎由分布在5个不同区域的33块骨头组成。正常成年人的脊柱，在前后方向有4个生理性的弯曲，自上而下分别为颈曲、胸曲、腰曲和骶曲。这4个生理弯曲如同一个大弹簧，可有效地增加缓冲震荡的能力，增强姿势的稳定性。脊柱的生理弯曲对保持身体各部位平衡、缓冲压力有着非常重要的作用。它是一个骨性的链条，里面是空心的，构成一个管腔，称之为椎管，椎管里面走行的是脊神经。脊柱的一个重要作用是保护和容纳神经，以免脊椎关节的神经受到损伤。脊柱可以做前屈、后仰、左右侧屈、左右回旋、环转等动作，以增强其力量、柔韧性和耐力等。正常脊柱向各方向弯曲和旋转的幅度，详见表6-3。

表6-3　正常脊柱向各方向弯曲和旋转的幅度

部位	屈	伸	侧屈	回旋
颈部	70°	60°	30°	75°
胸部	50°	55°	100°	40°
腰部	40°	30°	35°	5°
共计	160°	145°	165°	120°

畸形的脊柱，从正面看，可分为"S"形和"C"形脊柱弯曲；从侧面看，又可分为轻度、中度和重度驼背。患者脊柱的生理弧度和曲线部分或完全消失，并伴有形态改变、功能障碍和隐性酸痛感。大部分青少年脊柱弯曲的初期，与不良姿势有关，也称之为姿势性脊柱弯曲。早期功能性脊柱畸形，脊椎的骨质没有改变，关节韧带状况也正常，主要是逐渐加重的肌肉无力和疲劳所致。

一、脊柱侧弯

脊柱侧弯是青少年发育期比较常见的一种脊柱畸形，指脊柱向左或向右发生弯曲，超过正常曲度。大部分青少年脊柱弯曲的初期与不良姿势有关，也称为姿势性脊柱弯曲（图6-2）。引起脊柱侧弯的原因有先天性畸形、后天脊柱本身病变（如脊椎结核），以及青春发育期前后不正确的姿势（如坐姿或运动姿势）等。青少年脊柱侧弯发生率达16％。评价标准详见表6-4。

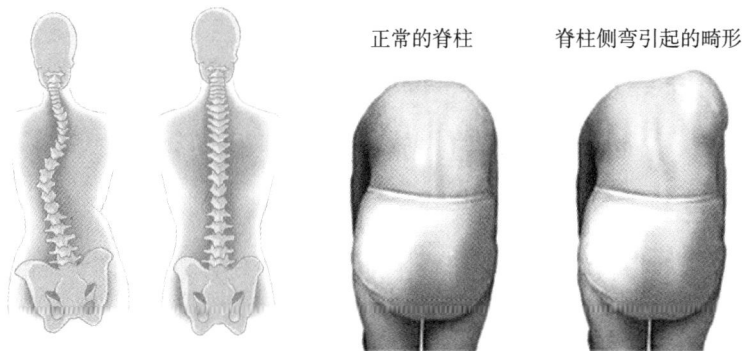

正常的脊柱　　　脊柱侧弯引起的畸形

图6-2　脊柱侧弯

表6-4 脊柱弯曲的评价标准

脊柱的类型	特征
正常脊柱	前后观察：两侧颈至肩的外形轮廓、两肩胛骨下角、两侧腰凹对称，棘突连线与身体中心线大体一致，最大偏离不超过1厘米。侧面观察：脊柱有4个生理弯曲，即颈、腰弯向前，胸、骶向后
轻度脊柱侧弯Ⅰ	棘突连线离开中心线1～2厘米。一般来说，是可逆性的
中度脊柱侧弯Ⅱ	棘突连线离开中心线2～3厘米。一般来说，是不可逆的，并伴有脊柱变形
重度脊柱侧弯Ⅲ	棘突连线离开中心线3厘米以上。一般来说，是固定性脊柱侧弯，并伴有胸廓畸形

注：采用重锤法，即被检查者取站立位，用一细绳上端置于枕骨粗隆处，另一端系重物沿棘突自然下垂，然后用卡尺测量脊柱侧弯最高点到垂线间的垂直距离。

二、驼背

驼背，医学上称为"圆背"或"胸椎后凸"，是一种脊柱变形，主要影响胸椎区域。常见原因包括：背部肌肉薄弱、松弛无力，无法有效支撑脊柱；长时间保持不良姿势，如低头弯腰，可加剧驼背。轻微驼背主要影响外观，可能不会对健康造成严重影响。严重驼背可能导致以下问题：影响呼吸功能，因为胸廓变形可能限制肺部扩张；引发内脏器官疾病，长期的脊柱变形可能对内脏器官造成压迫；降低健康水平，影响个体的日常活动能力和生活质量；由于疼痛或身体不适，影响学习和工作能力。驼背的评价标准详见表6-5所列。

表6-5 驼背的评价标准

背的类型	特征
正常背	腰部距倚靠墙1～2厘米，颈部距墙3～4厘米。耳屏-肩峰-股骨大转子-外踝的连线与身体中心线基本一致
驼背	颈前凸以及胸后凸加大。头向前倾，耳屏离开肩峰线向前，腰弯小于2～3厘米
鞍背	以腰前凸明显弯曲增大为特征，大于5厘米。头向后倾斜，耳屏离开肩峰垂线向后
平背	腰前凸以及胸后凸均加大，胸后弯消失。耳屏离开肩峰垂线向后

注：测定方法为标准姿势下靠墙站立，从侧面进行观察。

三、腰椎间盘突出症

腰椎间盘突出症是较为常见的疾病之一，主要是因为腰椎间盘各部分（髓核、纤维环及软骨板），尤其是髓核，在发生不同程度的退行性改变后，在外力因素的作用下，腰椎间盘的纤维环破裂，髓核组织从破裂处突出（或脱出）到后方或椎管内，导致相邻脊神经根受到刺激或压迫，从而产生腰部疼痛，一侧下肢或双下肢麻木、疼痛等一系列临床症状。腰椎间盘突出症以腰 4—腰 5、腰 5—骶 1 节段发病率最高，约占 95％。

1. 疾病病因

（1）腰椎间盘的退行性改变是基本因素：髓核的退变主要表现为含水量的降低，并可因失水引起椎节失稳、松动等小范围的病理改变；纤维环的退变主要表现为坚韧程度的降低。

（2）损伤：长期反复的外力造成轻微损害，加重了退化的程度。

（3）腰椎间盘自身解剖因素的弱点：椎间盘在成年之后逐渐缺乏血液循环，修复能力差。某种可导致腰椎间盘所承受压力突然升高的诱发因素，即可使弹性较差的髓核穿过已变得不太坚韧的纤维环，造成髓核突出。

（4）有腰椎间盘突出症家族性发病史。

（5）腰骶先天异常包括腰椎骶化、骶椎腰化、半椎体畸形、小关节畸形和关节突不对称等，可使下腰椎承受的应力发生改变，从而导致腰椎间盘内压升高，易发生退变和损伤。

（6）诱发因素：在腰椎间盘退行性改变的基础上，某种可诱发椎间隙压力突然升高的因素可导致髓核突出。常见的诱发因素有腹压增加、腰姿不正、突然负重、妊娠、受寒和受潮等。

2. 疾病症状

（1）腰痛是大多数患者最先出现的症状，发生率约 91％。由于纤维环外层及后纵韧带受到髓核刺激，经窦椎神经而产生下腰部疼痛，有时可伴有臀部疼痛。

（2）下肢放射痛：虽然高位腰椎间盘突出（腰 2—腰 3、腰 3—腰 4）可以引起股神经痛，但临床上少见，不足 5％。绝大多数患者是腰 4—腰 5、腰 5—骶 1 间隙突出，表现为坐骨神经痛。典型的坐骨神经痛是从下腰部向臀部、大腿后方、小腿外侧直到足部的放射痛，在打喷嚏和咳嗽等腹压增高的情况下疼痛会加剧。

（3）马尾神经症状：向正后方突出的髓核或脱垂、游离的腰椎间盘组织压迫马尾神经，其主要表现为大小便障碍，会阴和肛周感觉异常。

3. 疾病预防

腰椎间盘突出症是在退行性变基础上积累损伤所致，积累损伤又会加重腰椎间盘的退变，因此预防的重点在于减少积累损伤。平时要有良好的坐姿，睡眠时的床不宜太软。长期伏案工作者需要注意桌、椅高度，定期改变姿势。工作中需要经常弯腰者，应定时伸腰、挺胸，并使用宽腰带。应加强腰背肌训练，增加脊柱的内在稳定性。长期使用腰椎腰围（护腰）者，尤其需要注意腰背肌锻炼，以防止失用性肌肉萎缩带来不良后果。如需弯腰取物，最好采用屈髋、屈膝下蹲方式，减少对腰椎间盘后方的压力。

4. 疾病自我疗法

站立和行走是运动的基础，腰椎间盘突出症的自我疗法必须注意形成正确的站立姿势，并长期保持以形成习惯。倒走锻炼是针对腰痛的一种行之有效的方法，因为倒走时人体重心向后移动，有利于脊柱，尤其是腰椎的挺拔。如果症状消失，腰椎间盘突出症的自我疗法就达到了临床治愈的标准。症状消失后，仍要继续保持正确姿势，坚持康复锻炼以增强腰部肌力，巩固和强化正确姿势，避免复发。即便是手术后，也要通过康复锻炼来巩固效果，避免复发。

腰椎间盘突出症的自我疗法如下：

（1）处于俯卧位，手臂自然地放在双肩下方，先慢慢抬起上体，再逐渐放下（图6-3），然后尝试向后举起双腿（图6-4），动作次数根据患者的具体情况确定。

（2）处于仰卧位，双侧屈肘。屈髋，以头、双肘、双足为支撑，做挺腹伸髋的动作，呈"拱桥状"（图6-5）。动作持续时间根据患者情况确定。

（3）处于俯卧位，挺腹塌腰，头上扬，双臂用力背伸。双腿以膝盖为支点，持续数秒，反复多次（图6-6）。

（4）处于站立位，双足分开与肩同宽，双手叉腰或是上举抱住枕部，来回地做腰部侧弯活动，侧弯到最大幅度，可反复练习。

图6-3　俯卧抬上体

图6-4　俯卧举腿

图6-5　仰卧提臀

图6-6　俯卧背飞

四、颈椎病

（一）颈椎病发展趋势

颈椎病，亦称为颈椎综合征，是一种以退行性病理改变为基础的疾病。它包括颈椎骨关节炎、增生性颈椎炎、颈神经根综合征和颈椎间盘脱出症等多种类型。该病症主要由于颈椎长期劳损、骨质增生，或椎间盘脱出、韧带增厚，导致颈椎脊髓、神经根或椎动脉受压，从而引发一系列功能障碍的临床综合征。

近年来，随着智能手机的普及和生活方式的改变，我国颈椎病的发病率逐渐上升，并呈现明显的年轻化趋势。

（二）颈椎病的发病原因与营养

1. 颈椎病的发病原因

颈椎病是一种常见的颈部疾病，发病原因多样。

（1）颈椎的退行性变是导致颈椎病的主要原因。随着年龄的增长，颈椎的椎间盘和其他结构逐渐退化，引发颈椎病的发生。

（2）椎间盘的退变是颈椎各结构退变的首发因素，容易引起颈椎病。

（3）颈椎发育性椎管狭窄：先天性或后天性椎管狭窄也是诱发颈椎病的因素之一。

（4）慢性劳损：长期伏案工作、学习，使用电脑、手机，不良的睡眠体位，不适当的体育锻炼等，均可导致颈椎出现慢性劳损。

（5）环境因素：如突然撞击、冷风直吹颈部等，也容易诱发颈椎病。

（6）肌肉疲劳：颈部长期保持一个姿势，致使支撑颈部的肌肉疲劳，引发肌肉劳损，容易引起颈椎的退行性变。

其主要原因如下：

2. 颈椎病与营养

在中医理论中，颈椎病属于"项痹"。

（1）肝肾亏虚：肝藏血，肾主骨，肝肾亏虚会导致筋骨不健，易引起颈椎病变。应补益肝肾，常用药物包括熟地黄、枸杞子、鹿茸等，可缓解肝肾亏虚症状。

（2）气血不足：气血不足可能导致颈椎局部营养和代谢失衡，引发颈椎病。可以遵医嘱使用益气养血的药物，如人参、黄芪、当归等，以缓解气血不足的症状。

（3）外感风寒湿邪：中医认为外界的寒、湿、风等邪气侵入人体，会影响气血的正常运行，导致颈椎局部的气血瘀滞，引发颈椎病。应注重祛风散寒、除湿通络，可以在医生的指导下使用桂枝、羌活、独活等药物，以缓解不适。

（4）痰湿凝阻：痰湿是体内水液代谢障碍的病理产物。痰湿凝阻会导致气血运行不畅，影响颈椎的正常生理功能。可遵循医生建议使用半夏、陈皮、茯苓等药物，缓解症状。

（二）颈椎病的运动干预

颈椎病是一种常见的慢性疾病，适当的运动干预对颈椎病的预防和康复具有重要作用。

1. 运动种类和方法

（1）医疗体操：根据医生或物理治疗师的指导，练习针对性的医疗体操，有助于增强颈部肌肉的力量和灵活性。

（2）太极拳：太极拳是一种缓和的运动形式，有助于提高身体的协调性和平衡性，同时对颈椎有良好的保护作用。

（3）步行和慢跑：步行和慢跑是简单易行的有氧运动，有助于提高心肺功能，同时对颈椎也有积极的防治效果。

（4）游泳：游泳是一项全身性的运动，对颈椎的支撑和运动有很好的效果，特别有助于颈椎的伸展和放松。

（5）舞蹈：舞蹈可以提高身体的柔韧性和协调性，对颈椎病患者来说是一种很好的运动选择。

（6）娱乐性球类：例如，羽毛球、乒乓球等，可以锻炼颈部肌肉，提高反应速度和协调能力。

（7）跳绳：跳绳是一种耗能较大的有氧运动，对颈椎病的防治具有非常好的效果。跳绳技术易于掌握，不受时间和空间的限制，尤其适宜在低温季节进行。

2. 注意事项

（1）运动前，应咨询医生或专业人士的意见，确保运动方式和强度适合自身的健康状况。

（2）运动时，应避免过度用力或采用不当的姿势，以免加重颈椎的负担。

（3）持之以恒地进行运动，以达到最佳的康复效果。

（四）颈椎病的预防和治疗措施

颈椎病是一种常见的疾病，其预防和治疗需要综合多种方法。以下是一些有效的预防和治疗措施。

1. 改善生活方式

避免长时间低头使用手机或电脑，减轻颈椎负担。伏案工作者应保持脊柱正直，定期休息，避免长时间保持同一姿势。

2. 中医治疗

（1）针灸治疗：通过刺激特定穴位来调节身体机能，缓解颈椎病症状。

（2）艾灸治疗：利用艾草的温热作用，促进血液循环，缓解肌肉疼痛。

（3）推拿按摩治疗：通过手法按摩放松颈部肌肉，改善局部血液循环。

（4）拔罐治疗：通过负压吸附，促进局部血液循环和新陈代谢。

（5）中药治疗：根据患者的体质和病情，选用合适的中药进行调理。

3. 物理治疗

（1）加强颈部肌肉锻炼，增强肌肉力量和耐力。

（2）活动舒展颈部肌肉，增强颈椎的灵活性。

4. 生活习惯调整

睡硬板床，避免使用过高或过低的枕头，保持颈椎的自然曲度。

5. 手术治疗

当症状严重，影响生活质量时，可考虑手术治疗，如颈椎前路手术或颈椎后路手术，具体情况应由专业医生确定。

6. 饮食调整

增加富含钙的食物摄入，如牛奶、鸡蛋、虾皮、骨头汤、芝麻等，有助于强健骨骼，促进颈椎病的康复。

（五）麦肯基疗法

麦肯基疗法从 20 世纪中期开始用于腰痛治疗，迄今已近半个世纪。其自成体系的力学诊断理论和治疗技术独具特色，并获得国际康复治疗界的认可。麦肯基疗法属于一种拉伸方法，所以患者随时随地都可以做，不受训练时间、强度的限制，因为它不是一种训练，而是拉伸。具体包括：

（1）身体向下躺平，面部朝下，将上肢自然放于身体两侧，保持放松，头转向一侧，深呼吸三次。

（2）身体俯卧伸展，将手肘垂直置于肩膀下方，手肘着地，使上半身支撑在前臂上，然后做三次深呼吸。

（3）平躺伸展运动：保持俯卧姿势，眼睛看向前方，两臂撑起上半身。

（4）站立伸展运动：两脚分开站立，与肩同宽。双手置于后腰位置，上半身向后弯曲。

（5）平躺身体延伸运动：平躺在地上，双腿自然弯曲，双脚放平，双手抱膝，头埋在双腿间，双膝靠近胸部。

（6）坐式腰部运动：把椅子放平稳，坐在椅子边缘，双腿略微分开，双手平放在膝上，向下弯腰，双手抓住脚踝，身体继续向下弯曲。

（7）站立延伸运动：将双脚打开，站直，双臂自然放松在身体两侧，身体向前弯腰，双手在身体能承受的范围内尽量向下伸展。

麦肯基疗法有助于治疗腰椎间盘突出，但在进行该疗法时一定要操作正确并保持适度运动。如果在执行麦肯基疗法后仍感到不适，应立即停止并咨询医生的意见。

第三节　手术后康复保健

大学生在校期间因意外损伤或身体疾病，接受手术治疗，主要包括骨折、痔疮、气胸、疝气等。通过针对性训练，可促进术后机体功能恢复，预防并发症和继发症的发生。

一、术后康复的四个阶段

术后伤口愈合康复由四个阶段组成。

1. 止血阶段

伤口开始渗血，机体先调整凝血功能止住出血。

2. 防御炎症阶段

主要在于破坏细菌和清除碎屑，为伤口组织的生长做好准备。该阶段持续 4～6 天，常伴有局部水肿、红斑、发热、疼痛等。

3. 增生阶段

填充和覆盖伤口，该阶段一般持续 4～24 天。

4. 成熟阶段

新组织慢慢获得力量和灵活性，该阶段持续 21 天至 1 年。每个阶段的情况必须以精确和规范的方式发生、发展和仔细照护。

二、骨折患者术后康复治疗

骨折术后的康复治疗是一个重要环节，旨在帮助患者尽快恢复到骨折前的功能状态。骨折后运动康复活动如下：

1. 康复早期（骨折后 1～2 周）

目标：促进患肢血液循环，消除肿胀，防止肌肉萎缩。

活动：主要进行患肢肌肉的主动收缩和放松运动，如肌肉收紧和放松，以促进血液循环和预防肌肉萎缩。

2. 康复中期（骨折后 2～4 周）

目标：随着肿胀消退和局部疼痛减轻，骨折处已有纤维连接并趋于稳定，应逐渐增加活动强度和活动范围。

活动：在医务人员指导下，开始对骨折部位的上下关节进行轻柔的主动运动，帮助周边关节逐渐适应，预防肌肉萎缩和关节僵硬。

3. 康复后期（骨折后 5～6 周及以后）

目标：骨折处愈合相对稳定后，加大主动活动频率，进行负重练习，直至关节灵活性和肌肉力量完全恢复。

活动：进行更多的主动运动，如负重练习，逐步开展轻度负重活动，直至关节灵活性和肌肉力量完全恢复，同时注意避免组织粘连和肌肉萎缩。

三、手术后的运动康复锻炼方法

手术后的运动康复锻炼是帮助患者恢复身体功能和提高生活质量的重要环节。以下是一些常见的运动康复锻炼方法。

（一）被动运动

被动运动是指在没有患者主动肌肉收缩的情况下，通过外部力量（如治疗师的手或健侧肢体）完成的运动。它适用于手术后初期，患者体力较弱或由于疼痛、肿胀等原因暂时无法进行主动运动的情况。其目的是帮助维持关节活动度，预防关节僵硬和肌肉萎缩。

（二）主动运动

（1）等长收缩锻炼：肌肉在不改变长度的情况下产生张力的锻炼方式。适用于关节制动或需要保护关节不受力的情况，目的是增强肌肉力量，提高肌肉耐力。

（2）等张收缩锻炼：肌肉在收缩时改变长度，导致关节角度变化的锻炼方式。适用于关节活动正常、需要增加关节活动范围和肌肉力量的情况，目的是提高患者关节灵活性，增强肌肉的协调性和力量。

（三）锻炼原则

（1）循序渐进：根据患者的恢复情况，逐步增加运动的强度和复杂程度。

（2）量力而行：确保锻炼强度在患者能够承受的范围内，避免过度疲劳或造成二次伤害。

（3）个性化：根据患者的具体情况（如手术部位、恢复阶段、个人体能等），制订个性化的康复计划。

（四）注意事项

（1）在开始任何康复锻炼前，应咨询医生或物理治疗师，确保锻炼计划的安全性和有效性。

（2）患者在锻炼过程中要注意身体的反应，如出现异常疼痛、肿胀或其他不适，应立即停止锻炼并寻求专业建议。

（3）患者应保持积极的心态，认识到康复是一个长期过程，需要耐心和持续的努力。

通过合理的运动康复锻炼，患者可以加快恢复进程，提高生活质量，并降低术后并发症的风险。

四、手术后的营养补充

手术后的康复不仅需要适当运动，营养补充也十分重要。

（一）手术后的营养补充建议

（1）补钙：钙是骨骼的主要成分，对骨骼愈合至关重要。主要食物来源包括牛奶、奶酪、酸奶、豆腐、绿叶蔬菜等。

（2）补充维生素：B族维生素有助于保持肠道健康，预防便秘。B族维生素的食物来源包括全谷物、瘦肉、蔬菜、水果等。

（3）保证水分摄入：充足的水分有助于维持身体代谢和减轻术后水肿。注意：应根据医生的建议调整水分摄入量，特别是在心肾功能不全的情况下。

（4）补充蛋白质：蛋白质对于细胞修复和组织重建非常重要。蛋白质的食物来源有牛肉、豆制品、鲈鱼、鸡蛋、猪蹄等。

（5）个性化营养计划：应考虑患者的年龄、体重、健康状况及营养需求，制订个性化的营养计划。

（二）手术后营养补充的注意事项

（1）营养补充应根据患者的具体情况和医生的建议进行，避免过量或不适宜的营养摄入。

（2）保持均衡饮食，确保摄入充足的维生素和矿物质，以支持身体的自然恢复过程。

（3）患者在康复期间应避免吸烟和饮酒，这些习惯可能会延缓愈合过程。

家人的理解、关怀和体贴对患者的心理健康至关重要。患者应接受现状，保持良好的心理状态，以积极的心态面对康复过程。通过综合的营养补充和心理支持，患者能够更好地促进身体恢复，提升生活质量，并加快康复进程。

第七章　康复保健班学生常见
心理功能障碍与康复保健

心理健康指的是身体、智力、情绪的高度协调；能够适应环境，在人际交往中彼此谦让；拥有幸福感；在工作和学习中能够充分发挥自己的能力，过上高效的生活。心理健康主要表现为：智力正常，认知完整；积极的自我观念；悦纳他人，人际关系和谐；面对并接受现实；能调节情绪，心境良好；热爱生活，乐于学习和工作；人格完整独立。与健康心理状态相对的是心理障碍或异常心理状态，这些情况可能影响个体的日常生活和功能。值得注意的是，相当比例的大学生可能会遭受心理障碍的困扰，这需要社会各界的关注和适当的心理健康援助。

第一节　负性情绪

情绪是影响人体健康的重要因素。著名心理学家芭芭拉·弗雷德里克森强调，积极情绪不仅能够拓展人们的思维和视野，还能帮助构建成功所需的资源。

有研究表明，长寿的原因不仅仅是基因、医疗条件和环境，70％是因为心态。人们可以通过努力来提高自身的积极情绪。现代医学研究表明，情绪状态直接影响我们的免疫系统、内分泌系统、心血管系统等重要生理机能。当我们处于积极的情绪状态时，身体内的激素分泌趋于平衡，免疫力也会增强；而当我们陷入消极情绪时，身体则可能出现各种不适，甚至引发疾病。

一、负性情绪的产生与危害

情绪状态是个体在适应环境过程中表现出的生物性动力状态。从霍金斯能量等级表

（表 7-1）可以看出，每一种情绪都代表着某种适应动力和相应的能量层级（表 7-1）。

表 7-1 霍金斯能量等级

生命观	意识水平	源能	能量值	情绪表现	生命状态
不可思议	开悟	↑	700～1000	不可悦	妙
都一样	和平	↑	600	至喜	平等
好美呀	喜乐	↑	540	清朗	清净
广博爱	爱	↑	500	敬爱	慈悲
有道理	理智	↑	400	理解	知止
我错了	宽恕	↑	350	宽恕	修身
我喜欢	主动	↑	310	乐观	使命感
我不怕	淡定	↑	250	信任	安全感
我能行	勇气	↑	200	肯定	信心
我怕谁	骄傲	↓	175	藐视	狂妄
我怨	愤怒	↓	150	憎恨	抱怨
我要	欲望	↓	125	渴望	吝啬
我怕	恐惧	↓	100	焦虑	退缩
好可怕	悲伤	↓	75	失望	悲观
好无奈	冷淡	↓	50	绝望	自我放弃
没意思	罪恶感	↓	30	自责	自我否定
死了算	羞愧	↓	20	自闭	自我封锁

美国心理学家阿尔伯特·埃利斯认为：情绪并非由某一诱发事件本身引起，而是由个体对这一事件的解释和评价所引发。它是伴随心理活动过程产生的内心体验。情绪的自我管理和控制是维护身心健康的重要方面。

在心理学中，焦虑、紧张、愤怒、沮丧、悲伤、痛苦等情绪被统称为"负性情绪"（negative emotions），有时也称为"负面情绪"。负性情绪是一种不良的心理紧张状态，可能会引起高级神经活动的机能失调。长期过度的刺激会影响人体的各个器官、骨骼、肌肉和内分泌腺，导致身心失衡，进而对健康产生不利影响。

现代医学研究表明，某些疾病的形成并非由于器质性病变，而是因为个体的精神状态不佳或情绪异常。持续的消极情绪和长期的过度神经紧张可能导致身心疾病，如神经系统功能紊乱、内分泌功能失调、免疫功能下降等，并可能进一步引发精神障碍或其他器官系统的疾病。

心理防御机制自弗洛伊德提出以来，一直是现代精神动力学领域的活跃话题。心理学家指出，15％～20％的人群中存在情绪障碍和心理困扰。负性情绪作为心理应激因素，是身心疾病病理变化的媒介，这一点已得到多数学者的认可。

二、大学生产生负性情绪的因素

大学生正处于生理、心理及思想变化的关键时期，易受学习压力、人际关系、自我发展、恋爱与性问题、就业选择等多方面因素的影响。一些重要的生活事件，如人际关系矛盾、考试失败、就业困境、失恋、父母离异、亲人去世等，深刻影响个体时，可能会引发强烈的焦虑反应。

大学生常见的焦虑类型包括自我形象焦虑、学习焦虑和情感焦虑。首先，自我形象焦虑通常与个体对自己外貌、身材、气质的担忧有关，这类焦虑主要与自我认知相关。解决这一问题的方式就是调整自我认知、重新接纳自我，建立积极的自我形象。其次，学习焦虑可能源于学习目标不明确、学习效果不佳、考试过程中的紧张以及对考试结果的过高期望。最后，情感焦虑通常与大学生在相识、相恋、热恋、失恋等情感过程中的经历有关，某些人在恋爱受挫后可能会产生自我否定，认为自己缺乏爱与被爱的能力，从而引发过度的担忧和焦虑。

由于大学生普遍缺乏社会生活经验，心理承受能力相对较弱，在面对重大生活冲击时，他们可能缺乏适当的适应策略。这可能导致他们在追求生活意义的过程中感到迷茫，容易引发焦虑、抑郁、自卑、叛逆等负面情绪。大学生的心理健康问题日益受到关注。

三、负性情绪对大学生成长的危害

长期的负性情绪对大学生的身心健康产生严重影响。研究表明，持续的负性情绪可能导致大脑神经活动功能紊乱、情绪中枢的控制力减弱，进而影响个体的认知能力、缩小认知范围、降低自制力和学习效率。此外，还可能引发记忆力下降、头痛、失眠、食欲缺乏等不良生理反应。这些心理和生理上的困扰不仅影响个体的日常生活，还可能导致其产生心理障碍，甚至出现失去理智的行为。据调查，心理障碍已成为近年来大学生休学退学的主要原因之一，大学生心理障碍的发生率为10％～30％。

负性情绪还会削弱大学生的免疫功能，扰乱正常的生理平衡，可能引发心血管、消化、泌尿、呼吸、内分泌等系统的疾病。有关研究指出，积极情绪对大学生的原型启发有轻微的促进作用，而负性情绪则有抑制作用。在情绪唤醒度从低到高的变化中，负性情绪对原型启发的抑制作用逐渐增强。原型启发是创造性思维在现实生活中的重要表现形式之一，涉及一个"学习—提取"的过程，即先储存信息，然后在已储存的信息中提取有用信息来解决问题。

大多数大学生伤害事件往往是由于负性情绪长期积累，未能得到及时、有效地释放，在偶然事件的触发下突然爆发，给个人、家庭乃至社会带来巨大危害。长期负性情绪对大学生的身体、心理、思维、创造力及决策能力等综合素养都有显著的负面影响，甚至可能引发极端事件。因此，对大学生负性情绪的合理干预应受到高度重视。

目前，大学生排解负性情绪的方法多种多样，包括运动、交友、旅游、逛街、购物等。

四、排解负性情绪的放松原理

人脑在不同的活动状态下，如工作、休息及睡眠时，脑电波的波长和频率各有不同。α波是人们在学习和思考时的最佳脑波状态，也是冥想时常见的脑波。日本医学博士春山茂雄通过大量临床实践和科学研究发现，进行积极思维的人，大脑能够分泌一种类似吗啡的物质即"内啡肽"。内啡肽不仅能改善大脑功能、维持脑细胞的活力，还能使人产生愉悦感，增强免疫功能，延缓衰老，提高身体的自愈能力。

当人体处于紧张或烦闷状态时，β波会大量产生，这可能是导致失眠、神经症、精神病甚至癌症等疾病的原因之一。1997年，日本京都府立医科大学的渡边泱博士、河内明宏医生等合作进行了一项关于冥想时脑电波情况的实验。他们发现冥想后脑电波中α波显著增加。α波的产生能够使大脑中枢感到愉悦和协调，有助于缓解疾病和致病因素。

不同频率的脑波对人的精神状态有不同的影响，详见表7-2。每个人的意识中都存在着一个信息过滤系统，它是由遗传、生活环境、知识及生活经验等多种因素共同塑造的。这个系统是人类进化的产物，其功能在于筛选信息，使个体能够专注于对生存有益的信息，同时屏蔽那些可能对生存构成威胁的信息。信息过滤系统在一定程度上保护了人类免受伤害。

表7-2 4种脑波及频率

名称	属性	频率
β波	意识清醒、敏锐而警觉； 不安、焦虑、无法镇定	13～30 Hz
α波	意识平静、放松、自在、专注；充满直觉的灵感	8～13 Hz
θ波	意识恍惚、游离，焦点模糊；浅眠、半梦半醒， 潜意识为主，信息一进来，就立刻苏醒	4～7 Hz
δ波	近乎无意识；熟睡、寂静； 与大自然融合为一体的心智状态	0.5～3 Hz

然而，信息过滤系统的存在也导致了人们认知上的差异和偏见。哲学家与心理学家普遍认为，这些差异和偏见是人类烦恼的根源之一。因此，信息过滤系统的作用可以被比喻为心灵之镜上的尘埃，它影响了人们对世界真实感知的准确性。只有少数人能够超越这一

系统的限制。这些人之所以能做到这一点，是因为他们有能力打破并重建这一信息过滤系统，从而打破认知的屏障。

五、大学生排解负性情绪的典型案例

以下是某高校大学生在排解负面情绪方面的一些真实体验和感悟，希望能为其他个体提供一些参考。

案例 7-1　我的负面情绪

在生活中，我时常感到不快乐，这可能是因为成长带来的压力。我有时会感到被周围人忽视，缺乏存在感。琐碎的事情也容易让我情绪低落。被亲密的人误解时，我会感到失望。未能实现自己的目标同样会让我感到不快。

我的解决方法：

（1）学会安静：让自己静下心来，降低对事物的渴望；将自我归零，把每天都视为新的开始，不受年龄的限制；适当减少欲望，可以为自己创造更多成功的机会。

（2）关爱自己：只有多关爱自己，才能有更多的能量去关爱他人。如果有足够的能力，就尽力帮助别人，这样你将获得更多的快乐。

（3）舒缓情绪：心情烦躁时，喝一杯清水，播放轻音乐，闭目回想身边的人和事，为未来做规划。这既是休息，也是冷静思考的方式。

（4）自我竞争：不要嫉妒或羡慕他人。许多人因为羡慕他人而将自己置于旁观者的位置，这只会使自己陷入困境。相信自己，只要去做，你也可以成功。

（5）广泛阅读：阅读是吸收知识的过程。在现代社会中，为了在各种场合应对自如，应广泛阅读，让自己的头脑充实。

（6）自我肯定：不论在任何条件下，都不要轻视自己。即使全世界都不相信你、看不起你，你也要相信自己。

（7）调整情绪：尽量往好的方面想。许多人在遇到问题时会急得像热锅上的蚂蚁，但只要把握住事情的关键，就能从容应对。

（8）珍惜身边的人：在言语上尽量不要伤害他人，即使遇到不喜欢的人，也应尽量委婉地避开，避免造成尴尬。

（9）热爱生命：每天吸收新的知识和思维，学会换位思考，寻找新事物来满足对世界的好奇心。

（10）真诚面对生活：用真心、爱心和人格去面对生活，你的人生将更加精彩。

案例 7-2　成长中的情绪调节

随着年龄的增长，我学会了如何控制和调节自己的负面情绪。以下是我采用的一些有效方法：

（1）聆听音乐：将音乐融入日常生活，让生活像音乐一样充满优美与活力。

（2）从事爱好：投身于自己喜爱的活动，如弹吉他、绘画等，这些爱好能有效调节情绪。

（3）微笑：微笑是迅速调整情绪的简单方法。当你微笑时，不仅能够感染他人，还能提升自己的吸引力。

（4）与朋友交流：在情绪难以自我调节时，向好朋友倾诉不愉快，将内心的压力释放出来。

（5）散步：外出散步有助于放松心情，观赏自然美景，享受阳光，让心情变得愉悦。

（6）体育运动：参与体育运动不仅能带来愉悦的心情，还能帮助缓解紧张情绪，同时塑造健康体魄和提升个人魅力。

案例 7-3　缓解负性情绪的方法

（1）亲近自然：经过一周紧张的学习后，周末可以去公园散步，放松心情。置身于大自然中，尤其是植物繁茂的地方，可以呼吸到富含负氧离子的空气。负氧离子是维持人和动物生存的重要物质。空气中负氧离子含量越高，人体器官和组织获得的氧气越充足，新陈代谢功能越旺盛，神经体液调节功能增强，有助于促进生理健康。生理健康有助于保持心理平静。

（2）阅读兴趣书籍：偶尔放下课本，阅读一些自己感兴趣的课外书籍。随意翻阅，一旦找到一本好书，便能沉浸其中，忘却烦恼。

（3）聆听音乐：听一些节奏轻松的音乐或轻音乐。音乐是人类最美好的语言，优美的旋律能使人心情愉悦，沉浸在幸福和快乐之中，暂时忘却压力和烦恼。

（4）体育运动：进行适当的体育运动可以帮助释放压力。身体的适度劳累有助于转移注意力，缓解内心的重压。

（5）学习计划：在学习过程中，我们应该注意方法，学会制订学习计划。计划性是克服压力的有效工具，如重新审视待办事项，确定合理的先后顺序。

（6）集中精力：把精力集中在那些值得做的事情上，学会忽略那些琐碎的杂事。更重要的是，每当感到压力时，要记住"简单化"。在学习过程中，适当放慢节奏，欲速则不达。

案例 7-4　排解负性情绪的方法和策略

（1）积极面对负能量：生活中难免会遇到不如意的事情，产生负能量。如果不加以解决和改变，这些负能量可能会不断积累，最终影响我们的情绪和生活。每个人都希望每天充满活力，积极地去做好自己喜欢的事情。

（2）勇敢做出改变：改变不仅是排解负能量的关键，也是我做事的核心。不要迟疑、不要想太多，放手去做。从小我比较胆小，害怕改变，但随着时间的推移，我开始厌恶这样的自己，于是决定做出改变。我的体重一直是我的心理障碍，但高中毕业后，我开始了积极的减肥计划。虽然我现在还不能说非常瘦或漂亮，但至少体重在正常范围内。这段经历让我明白了自己也能做好很多事情，养成了良好的生活习惯，并对自己的身体有了更深入的了解。感谢当初勇敢做出改变的自己！

（3）面对负能量的策略：当负能量来袭时，不要逃避，要迎难而上，解决问题。负能量的产生一定有其原因，要战胜它，就需要勇敢面对。例如，这个学期考试前，我感到非常懈怠，不想复习、不想做事。但我意识到不复习就不可能取得好成绩。

具体应对方法：

（1）与家人沟通：给父母打电话，向他们倾诉。父母永远是关爱、支持你的人，他们会帮助你度过困难时期。

（2）开始行动：不要只是坐着，要开始行动。洗漱、整理环境，不仅能让自身和周围环境变得整洁，也能让心情变得清爽、平静。

（3）享受阳光：出去晒晒太阳，让阳光驱散心中的不快和阴霾，带来正能量。

（4）改变，永远不晚：只要你愿意改变，任何时候都不会太晚。勇敢地做出改变，不要逃避，要迎难而上，解决问题。让正能量充满你的心，让微笑时刻伴随着你！

第二节　心身疾病

心身疾病，亦称心身障碍或心理生理障碍，是心身医学理论中的一个重要概念。心身疾病是指心理社会因素在其发生和发展过程中发挥显著作用的躯体器质性疾病和功能性障碍。

心身疾病的病因涉及多方面因素：心理因素、社会文化因素、生物因素共同构成了心身疾病的外部条件；同时，个体的心理易感素质和特定器官的易感性则是心身疾病的内部因素。这些内外因素相互作用，形成了一个复杂的致病环境。

现代医学和心理学的研究表明，许多疾病都可以追溯到其心理或社会因素。随着社会的发展和医学模式的转变，心身疾病的范畴也在不断扩展，涵盖了更多的疾病类型和健康问题。

一、心身疾病的发病机制

心身疾病的微观发病机制尚未完全明确。从宏观角度来看，心理应激因素被认为主要通过中枢神经系统影响自主神经系统、内分泌系统和免疫系统等中介机制，最终影响器官功能，导致心身疾病的发生。

目前，心身疾病的发病理论主要分为两大流派：心理动力学理论和心理生理学理论。

（一）心理动力学理论

心理动力学理论强调潜意识心理冲突在心身疾病发生中的作用。该理论认为，潜意识心理冲突通过自主神经系统的功能变化，影响特定器官和易感个体，导致疾病。致病因素包括未解决的心理冲突、躯体器官的脆弱性及自主神经系统的过度活跃。例如，心理冲突在迷走神经功能亢进的基础上可能导致哮喘或溃疡；在交感神经功能亢进的基础上可能导致原发性高血压或甲状腺功能亢进。心理动力学理论主张通过解决情绪因素和心理矛盾来治疗心身疾病。然而，该理论的局限性在于过分强调潜意识的作用，将许多躯体症状解释为潜意识情绪反应的象征，这可能限制了对其他病因的全面研究和治疗。

（二）心理生物学理论

心理生物学理论以坎农-巴德的情绪理论和巴甫洛夫的高级神经活动类型学说为基础。心理生物学理论认为情绪对躯体疾病有显著影响，尤其是对自主神经系统控制的器官和系统。此外，研究者还探讨了心理社会刺激引起的情绪如何通过生理生化变化导致疾病。主要机制包括：下丘脑－垂体－肾上腺轴的应激反应导致皮质醇水平暂时升高，影响细胞免疫功能；通过自主神经系统神经递质影响淋巴细胞功能；中枢神经系统与免疫系统直接联系，免疫抑制可能形成条件反射，改变免疫功能。

二、心身疾病的分类

美国心理生理障碍学会将心身疾病分类如下：

（1）皮肤系统的心身疾病：神经性皮炎、瘙痒症、斑秃、牛皮癣、慢性荨麻疹、慢性湿疹等。

（2）骨骼肌肉系统的心身疾病：类风湿性关节炎、腰背疼、肌肉疼痛、痉挛性斜颈、书写痉挛等。

（3）呼吸系统的心身疾病：支气管哮喘、过度换气综合征、神经性咳嗽等。

（4）心血管系统的心身疾病：冠状动脉硬化性心脏病、阵发性心动过速、心律不齐、原发性高血压或低血压、偏头痛、雷诺病等。

（5）消化系统的心身疾病：胃与十二指肠溃疡、神经性呕吐、神经性厌食、溃疡性结肠炎、幽门痉挛、过敏性结肠炎等。

（6）泌尿生殖系统：月经紊乱、经前期紧张症、功能性子宫出血、性功能障碍、原发性痛经、功能性不孕症等。

（7）内分泌系统：甲状腺功能亢进症、糖尿病、低血糖等。

（8）神经系统的心身疾病：痉挛性疾病、紧张性头痛、睡眠障碍、自主神经功能失调症等。

（9）耳鼻喉科的心身疾病：梅尼埃综合征、喉部异物感等。

（10）眼科的心身疾病：原发性青光眼、眼睑痉挛、弱视等。

（11）口腔科的心身疾病：特发性舌痛症、口腔溃疡、咀嚼肌痉挛等。

（12）其他与心理因素：关的疾病有癌症和肥胖症等。

以上各类疾病，均可在心理应激后发病、在情绪影响下恶化，心理治疗有助于病情的康复。

三、保健班学生常见的心身疾病

（一）进食障碍

进食障碍是一种以异常进食行为和对体重及体形的过度关注为特征的心理障碍。

（1）神经性厌食：该病症的核心症状是对体重增加的极度恐惧和对形体的过分关注，患者拒绝维持与其年龄、身高相称的健康体重。

（2）神经性贪食症：患者经历周期性的暴食行为，通常伴随无法控制的饮食冲动，直至感到极度不适。患者通常对自己的体重和体型感到过分焦虑，并担心体重增加。为防止体重增长，患者可能会采取不当的代偿行为，如自我诱导呕吐、滥用泻药或过度运动。

（3）神经性呕吐：患者在进食后会自发或故意诱发呕吐，这种行为不会影响其下一次进食的食欲，常与心理社会因素相关，例如情绪困扰等。

（二）支气管哮喘

支气管哮喘是一种常见的心身疾病，其特征是气道的慢性炎症和气道高反应性。患者可能在遇到特定诱发因素时出现哮喘发作，即使没有明显的过敏原。这类患者可能表现出依赖性强、被动、敏感等性格特征，并且容易受到情绪波动的影响。

四、心身疾病的预防与护理

在现代社会，心身疾病的预防比治疗更应受到重视。

（一）心身疾病的个人预防

个人预防心身疾病需要培养健全的性格，保持良好的情绪，建立有效的心理防御机制，锻炼应对能力，形成良好的人际关系，并增强自我保健意识。例如，对于有易怒、抑郁、孤僻、多疑倾向的人，应及早通过心理指导进行干预。

（1）培养健全性格：通过教育和自我反省，培养积极乐观的生活态度。

（2）保持良好情绪：通过运动、音乐、艺术等方式调节心情。

（3）建立心理防御机制：通过心理咨询等方式，学会应对压力和挑战。

（4）锻炼应对能力：通过模拟训练和实际经历，提高解决问题的能力。

（5）形成良好人际关系：通过社交活动和团队协作，提升人际交往能力。

（6）增强自我保健意识：通过健康教育，增强自我保健意识和求医行为的自觉性。

（二）心身疾病的社会预防

个体的成长离不开社会环境的影响。家庭、学校、社会和医护人员等应全面理解和支持患者，以增强其自我调节能力。

（1）家庭预防：家庭成员应以积极的态度应对和解决各种实际问题，避免矛盾激化。

（2）学校预防：培养学生正确的世界观、人生观和价值观，塑造良好的性格，促进学生身心健康发展。

（3）社会预防：建立完善的社会制度，形成健康的社会风气，保障每一个人的身心健康。

（三）心身疾病的护理

心身疾病的护理应注重心理护理和躯体护理的结合，重视生活环境对患者情绪的影响。

（1）心理护理：建立良好的医患关系，通过沟通、理解、支持和关爱，实施全方位的心理护理。

（2）躯体护理：根据患者的具体病情，提供专业的医疗照护。

（3）环境影响：创造良好的康复环境，调动患者的积极情绪，观察并发现其心理变化。

（4）疾病知识教育：帮助患者了解疾病相关知识，增强信心。例如，在甲状腺功能亢进症患者的护理中，协助患者掌握相关知识，理解其情绪变化，并及时进行安抚。

第三节　抑郁症

抑郁症是心境障碍中最常见的类型，其主要临床特征是显著而持久的心境低落。抑郁症患者可能会表现出自卑、抑郁，甚至悲观厌世的情绪，有时还可能伴有自杀企图或行为，严重时可能出现木僵状态。部分患者还会伴有明显的焦虑症状或运动性激越。在病情严重的情况下，患者可能出现幻觉、妄想等精神病性症状。

抑郁症的发作通常至少持续两周，有时甚至可以持续数年。多数患者有反复发作的倾向。尽管每次发作后，大多数患者的症状可以得到缓解，但部分患者可能会有残留症状或转为慢性抑郁症。值得注意的是，抑郁症的发病和自杀事件已经开始呈现低龄化趋势，影响到大学生乃至中小学生群体。在我国，对抑郁症的医疗防治仍面临识别率低的问题。

一、抑郁症的临床表现

抑郁症是一种以情感低落为核心症状的心境障碍，其临床表现多样，包括单次或多次反复的抑郁发作。以下是抑郁发作的主要临床表现：

1. 心境低落

主要表现为显著而持久的情感低落和抑郁悲观。症状轻重不一，从闷闷不乐、缺乏愉快感到痛不欲生、悲观绝望。典型患者可能表现为晨重夜轻的节律性变化。此外，患者可能出现自我评价降低，感到无用、无望、无助和无价值，伴有自责、自罪。严重者可能出现罪恶妄想和疑病妄想，部分患者可能出现幻觉。

2. 思维迟缓

患者的思维联想速度减缓、反应迟钝、思路阻塞，感觉自己的大脑像生了锈或被涂上一层糨糊。临床上，患者可能表现出言语减少、语速缓慢、声音低沉、对答吃力，严重时交流可能受阻。

3. 意志活动减退

患者的意志活动受到显著而持久的抑制。临床表现为行为迟缓，生活被动、疏懒，不愿做事或与人交往，可能长时间独坐或卧床，疏远亲友、回避社交。严重时可能忽视基本生理需求和个人卫生，出现"抑郁性木僵"。伴有焦虑的患者可能表现出坐立不安等症状。严重时患者甚至可能产生自杀观念或行为。

4. 认知功能损害

研究表明，抑郁症患者可能存在认知功能损害，包括近期记忆力下降、注意力障碍、反应时间延长、警觉性降低、抽象思维能力差、学习困难、语言流畅性差、空间知觉受损，以及眼手协调能力和思维灵活性减退等。这些损害可能导致社会功能障碍，并影响患者的远期预后。

5. 躯体症状

躯体症状包括睡眠障碍、乏力、食欲减退、体重下降、便秘、身体疼痛、性欲减退、阳痿、闭经等。患者可能主诉各种躯体不适，如恶心、呕吐、心慌、胸闷、出汗等。自主神经功能失调的症状也较常见，睡眠障碍可能表现为早醒、入睡困难或睡眠过多。体重和食欲的变化不一定成正比，少数患者可能出现食欲增强和体重增加的情况。

二、抑郁症的致病因素

抑郁症的发生是多因素共同作用的结果，涉及个体心理特征、社会环境等多个方面。

1. 心理因素

（1）神经质人格特征：个体可能倾向于对事件产生过度消极的情绪反应，对拒绝和批评表现出高度敏感，追求完美，经常感到不安。

（2）不合理的认知模式：患者可能过度关注自身缺陷，缺乏自信，容易自责和感到失望。

2. 社会环境因素

（1）消极的生活压力事件：经历如失业、财务困境、亲密关系丧失等，可能增加患抑郁症的风险。

（2）缺乏社会支持：缺少来自亲友或社区的支撑，可能使个体在面对压力时更加脆弱。

（3）家庭环境：家庭内部的压抑氛围或原生家庭的情感缺失，可能对个体的心理健康产生不利影响。

（4）生活压力：长期的高压生活状态，可能对个体的心理承受能力构成挑战。

（5）创伤性事件：经历身体或情感上的创伤，如暴力、虐待或事故，可能导致心理创伤和抑郁症的产生。

3. 焦虑的自我评价（表7-3）

请根据您最近一星期的实际感觉，选择最适合您的答案（A. 没有或偶尔；B. 有时；C. 经常；D. 绝大部分时间或全部时间）。

表7-3　焦虑自评量表（SAS）

提问内容	A B C D	症状
1. 我感觉比平常容易紧张和着急		焦虑
2. 我无缘无故地感到害怕		害怕
3. 我容易心里烦乱或觉得惊恐		惊恐
4. 我觉得我可能要发疯		怕发疯
5*. 我觉得一切都好，也不会发生什么不幸		不幸预感
6. 我手脚发抖打战		手足颤抖
7. 我因为头痛、颈痛和背痛而苦恼		头疼
8. 我感觉容易衰弱和疲乏		乏力
9*. 我觉得心平气和，并且容易安静地坐着		静坐不能
10. 我觉得心跳得很快		心悸
11. 我因为一阵阵头晕而苦恼		头晕
12. 我有晕倒发作或觉得要晕倒		晕厥感
13*. 我吸气呼气都感到很容易		呼吸困难
14. 我的手脚麻木和刺痛		手足刺痛
15. 我因为胃痛和消化不良而感到苦恼		胃痛或消化不良
16. 我常常需要小便		尿意频繁

（续表）

提问内容	A B C D	症状
17*．我的手脚常常是干燥而温暖的		多汗
18．我脸红发热		面部潮红
19*．我容易入睡并且睡得好		睡眠障碍
20．我做噩梦		噩梦

评分依次为 A 记 1 分，B 记 2 分，C 记 3 分，D 记 4 分，打"*"为反向打分，即 4、3、2、1 分。将 20 题的得分相加算出总分"Z"，根据 $Y=1.25×Z$，取整数部分得到标准分。$Y<35$ 分，心理健康，无焦虑症状；$35≤Y<55$，偶尔焦虑，症状轻微；$55≤Y<65$，经常焦虑，中度症状；$Y≥65$，有重度焦虑，必要时咨询医生。注意：测试者应独自完成填写。SAS 的评定结果可以反映受测者的焦虑程度，但不能作为诊断焦虑症的依据。

三、抑郁症治疗

抑郁症的治疗是一个多方面的过程，通常包括心理治疗、物理治疗和自我调节等。

1. 心理治疗

心理治疗是抑郁症治疗中非常重要的手段，包括支持性治疗、个别和集体心理治疗、认知行为疗法以及家庭治疗等。

（1）支持性治疗：从患者开始就医时即可介入，提供精神上的支持，尤其是在患者出现消极、悲观、情绪低落、心理矛盾、自杀意念或行为时。通过正面的指导、劝说、疏导、鼓励和安慰，帮助患者度过最困难的时期，建立自信心。

（2）个别和集体心理治疗：在病情的急性期得到控制或转入恢复期时，结合个别心理治疗和集体心理治疗。个别心理治疗针对每个人的不同情况，进行个性化治疗。集体心理治疗通过组织患者互相交流、互相鼓励，医生加以指导，达成共识，取得治疗效果。

（3）认知行为疗法：是一种个别心理治疗方法，通过纠正患者的认知错误，包括自动思维、假想和策略，逐步达到治疗目的。

2. 物理治疗

物理治疗包括电休克治疗和经颅微电流刺激疗法。这些方法疗效明确、副作用相对较小，特别是对严重抑郁患者，如表现为木僵、拒食、自杀倾向的患者，尤为重要。

（1）电休克治疗：通过快速控制症状，挽救了许多患者的生命。

（2）经颅微电流刺激疗法：通过提高 5-HT（血清素）的分泌量，促进去甲肾上腺素的释放，增强神经细胞活动的兴奋性，缓解抑郁情绪；同时，促进内啡肽的分泌，使患者保持放松、舒适的精神状态，有利于缓解消极、沮丧的情绪。

3. 自我调节

自我调节可以帮助患者更好地管理抑郁症状，特别是中医推荐的一些方法。

（1）保持积极心态：多参加集体活动，如跳舞、唱歌；培养爱好；参与社会服务工作；与家人多交流，倾诉烦恼。

（2）音乐和阅读：多听轻快的音乐，阅读心理学、哲学书籍，可以对生命有更深刻的认识。

（3）冥想练习：有规律地进行冥想，减少紧张、焦虑、抑郁情绪，增强意识，有助于获得启示。

（4）自我按摩：如揉关元穴，有助于促进消化、纠正内分泌紊乱、抗衰老。关元穴位于小腹肚脐垂直向下三寸处。

（5）饮食调整：多吃含钙食物，如黄豆及豆制品、红枣、韭菜、芹菜、蒜苗、鱼、虾、芝麻、冰糖、蜂蜜、核桃等；多饮用牛奶；避免酒类及咖啡等刺激性食品。

第四节　失　眠

失眠是一种常见的睡眠障碍，表现为患者对睡眠时间或质量感到不满足，并因此影响日间社会功能的主观体验。

一、失眠的诊断标准

根据《中国成人失眠诊断与治疗指南》，中国成年人失眠的诊断标准如下：

（1）失眠表现：患者存在入睡困难，如上床后入睡时间超过30分钟。

（2）睡眠质量：睡眠质量下降，包括睡眠维持障碍，整夜觉醒次数2次及以上，早醒，或整体睡眠质量感觉下降。

（3）总睡眠时间：总睡眠时间减少，通常少于6小时。

同时，患者还应表现出日间功能障碍，具体包括：疲劳或全身不适；注意力、注意维持能力或记忆力减退；学习、工作和（或）社交能力下降；情绪波动或易激惹；日间嗜睡；兴趣、精力减退；工作或驾驶过程中错误倾向增加；紧张、头痛、头晕，或其他与睡眠缺失有关的躯体症状；对睡眠过度关注。

二、失眠病程分类

（1）急性失眠：病程少于1个月。

（2）亚急性失眠：病程在1个月以上，但不足6个月。

（3）慢性失眠：病程6个月以上。

三、失眠的原因

失眠是一个由多种因素引起的复杂问题，其原因可以从神经学角度进行探讨。

1. 神经递质失衡

（1）多巴胺：参与调节觉醒状态和睡眠-觉醒周期，多巴胺水平异常可能导致睡眠障碍。

（2）5-HT（血清素）：在情绪和睡眠调节中起关键作用，血清素水平低可能与失眠有关。

（3）去甲肾上腺素：参与觉醒和应激反应，过高水平可能导致难以入睡。

（4）γ-氨基丁酸（GABA）：作为主要的抑制性神经递质，其不足可能导致失眠，因为 GABA 有助于降低神经活动，促进放松和入眠。

2. 大脑区域功能异常

（1）下丘脑，特别是视交叉上核（SCN），作为生物钟调节昼夜节律，其功能异常可能导致睡眠周期紊乱。

（2）脑干：特定区域如蓝斑参与调节觉醒和睡眠状态，异常活动可能影响睡眠。

（3）前额叶皮层：在情绪和认知功能调节中起作用，焦虑和压力可能通过影响前额叶皮层导致失眠。

3. 激素水平变化

（1）褪黑素：由松果体分泌，调节睡眠-觉醒周期，分泌不足或时间异常可能导致失眠。

（2）皮质醇：作为压力激素，皮质醇过高可能与睡眠困难和频繁觉醒有关。

4. 环境和行为因素

（1）光线暴露：过多蓝光会抑制褪黑激素分泌，可能导致入睡困难。

（2）不规律的睡眠时间：不规律的作息会扰乱生物钟，导致失眠。

5. 心理因素

焦虑、抑郁和压力是失眠的常见诱因。

6. 药物和物质使用

（1）药物：某些药物，如兴奋剂、抗抑郁药和降压药，可能会影响睡眠。

（2）咖啡因与尼古丁：作为兴奋剂，可能影响睡眠质量。

了解失眠的神经学原因有助于制定更有效的治疗方案，包括药物治疗、认知行为疗法、光疗等。由于不同患者的失眠原因可能不同，个体化治疗方案至关重要。

四、失眠的中医病因病机

在中医理论中，失眠被视为身体整体功能失调的表现。中医注重人体的整体平衡，认为失眠的原因复杂多样，涉及多种内外因素的综合作用。中医对失眠的理解和治疗方法主要基于以下几个方面。

（1）气血亏虚。①心脾两虚，过度劳累或长期思虑伤脾，脾胃失调导致气血不足，心失所养，出现失眠。②心肾不交，肾精不足，不能上济于心，心火亢盛，扰动心神，导致失眠。

（2）阴阳失调。①阴虚火旺：体内阴液亏虚，阴不制阳，导致心火亢盛，神不守舍，难以入睡。②阳虚阴盛：阳气不足，夜间阴气过盛，阳气无力温养心神，导致失眠。

（3）情志失调。①肝气郁结：情绪抑郁、焦虑或愤怒导致肝气郁结，肝郁化火，扰动心神，引起失眠。②心神不宁：思虑过度、惊恐忧虑等情志因素影响心神，导致失眠。

（4）痰热内扰。饮食不节，嗜食肥甘厚味导致痰湿内生；痰湿化热，扰动心神，引起失眠。

五、失眠的营养学原因

（1）血糖波动。①高血糖，高糖饮食会导致血糖快速上升，然后迅速下降，引起血糖水平不稳定，影响睡眠。②低血糖，低血糖可能引起夜间觉醒，因为身体需要调节糖水平。

（2）神经递质和激素的生成。①色氨酸是一种必需氨基酸，是合成血清素和褪黑素的重要前体，血清素和褪黑素对调节睡眠-觉醒周期非常重要。②镁是神经系统功能的关键矿物质，有助于放松肌肉和神经，促进睡眠。③B族维生素参与神经递质的合成和代谢，对睡眠质量有重要影响。④某些食物可能引起炎症或过敏反应，导致夜间不适和失眠。⑤胃肠方面，一是胃酸反流，饮食不当可能导致胃酸反流，干扰睡眠；二是肠道菌群失衡，与睡眠质量密切相关，健康的肠道菌群有助于促进良好的睡眠。

六、失眠的治疗方法

1. 中医治疗失眠的方法

（1）中药治疗：根据辨证分型，使用中药方剂进行调理，以恢复人体平衡，改善失眠症状。

（2）针灸治疗：通过针灸穴位，如神门、安眠、内关、三阴交等，调节经络气血，安定神志，促进睡眠。

（3）推拿按摩：对特定穴位进行按摩，如百会、太阳、风池等，以放松神经，缓解压力，促进睡眠。

2. 食疗调养改善睡眠

（1）通过饮食调养，改善体质。例如，食用安神助眠的食物，如莲子、百合、酸枣仁等。

（2）增加色氨酸摄入：食物来源主要有鸡肉、鱼、乳制品、蛋、坚果和豆类等。失眠患者晚上可适量食用这些食物，有助于促进血清素和褪黑素的生成，改善睡眠。

（3）增加镁摄入：食物来源主要有绿叶蔬菜、坚果、全谷物、豆类和深海鱼等。每天摄入适量的镁，可以帮助放松神经和肌肉，促进睡眠。

（4）增加维生素B族摄入：食物来源主要有全谷物、肉类、鱼、蛋、乳制品、豆类和绿叶蔬菜等。饮食建议：保证饮食中含有足够的B族维生素，有助于失眠患者神经递质的合成与代谢，改善睡眠。

（5）维持稳定的血糖水平：选择低血糖生成指数（低GI）的食物，如全谷物、蔬菜和水果，避免高糖饮食。失眠患者应定期进食小餐，避免因饥饿或暴饮暴食导致血糖波动。

（6）避免咖啡因和酒精：①咖啡因：避免在下午和晚上摄入咖啡因，包括咖啡、茶、巧克力和某些软饮料。②酒精：尽量减少或避免摄入酒精，虽然酒精可能帮助入睡，但会干扰后半夜的睡眠。

（7）健康的肠道菌群：①益生菌和益生元：食用富含益生菌的食物，如酸奶、发酵食品；含益生元的食品，如洋葱、大蒜和香蕉，有助于维持健康的肠道菌群。②纤维：摄入足够的膳食纤维，促进肠道健康，并间接改善睡眠。

3. 特定食物和补充剂的建议

（1）某些有助于睡眠的食物：①樱桃是天然来源的褪黑素，有助于调节睡眠。②香蕉含有色氨酸、镁和维生素 B_6，有助于放松和睡眠。③杏仁和核桃含有镁和色氨酸，有助于睡眠。

（2）补充剂：①适量补充褪黑素，可以帮助调节睡眠-觉醒周期，但应在医生指导下使用。②适量补充镁，有助于缓解失眠，但应避免过度补充。

4. 综合治疗与生活方式调理

（1）认知行为疗法（CBT）：CBT是治疗失眠的有效方法，通过改变负性睡眠信念和行为习惯来改善睡眠。

（2）放松技巧：如深呼吸、渐进性肌肉放松和冥想，有助于缓解焦虑和压力。

（3）改善睡眠环境：优化睡眠环境，如使用遮光窗帘、降噪设备和调节室温；建立规律作息、适当运动、保持良好的情绪状态等方式，预防和改善失眠。

第八章　常见运动损伤的预防和康复

随着社会的进步和生活水平的提高，人们越来越重视健康。因此，越来越多的人投身于体育锻炼，以期通过运动来增强体质。然而，正如其他事物一样，体育锻炼也具有两面性：它一方面能增强健康、预防疾病、延年益寿，另一方面也可能带来运动损伤、运动性疾病，甚至运动性猝死的风险。

因此，体育锻炼在某种意义上是一把双刃剑，正确运用可以带来巨大的益处，而不当使用则可能适得其反。这就要求我们掌握科学的锻炼方法，以确保能够安全地享受体育锻炼的乐趣。本章将重点介绍运动损伤的分类、原因、预防措施及康复训练等内容，旨在介绍应如何科学、有效地进行体育锻炼。

第一节　运动损伤的分类与原因

在体育运动中，人体组织或器官可能会遭受解剖上的破坏或生理上的紊乱，这种情况被称为运动损伤。运动损伤有别于工农业生产和日常生活中的损伤，它与体育运动项目以及技术和战术动作的特点密切相关。有些运动损伤甚至以其运动项目命名，如"网球肘""足球踝""跳跃膝"。此外，运动损伤的发生也与运动训练水平、运动环境和条件等因素有关。

一、运动损伤的分类

运动损伤可以根据受伤的性质、恢复期的长短等不同标准进行分类，具体如下：

（一）按损伤组织的种类分类

包括肌肉韧带的拉伤、撕裂、挫伤，以及四肢骨折、颅骨骨折、脊椎骨折、关节脱位、脑震荡、内脏破裂、烧伤、冻伤、溺水等。一般来说，大多数运动损伤为小创伤，以肌肉、筋膜、肌腱、腱鞘、韧带和关节囊损伤最为常见，其次是肩袖损伤、半月板撕裂和髌骨软骨病等。

（二）按运动创伤的轻重程度分类

（1）轻伤：不丧失工作能力。

（2）中等伤：丧失工作能力24小时以上，需要门诊治疗。

（3）重伤：需要长期住院治疗。

（三）按运动能力丧失程度分类

（1）轻度伤：受伤后仍能按锻炼计划进行练习。

（2）中度伤：受伤后需停止患处练习或减少患处活动。

（3）重度伤：完全无法进行锻炼。

（四）按伤后皮肤或黏膜完整性分类

（1）开放性损伤：皮肤和黏膜的完整性遭到破坏，如擦伤、刺伤、切伤、撕裂伤及开放性骨折等。

（2）闭合性损伤：皮肤或黏膜保持完整，如挫伤、关节韧带扭伤、肌肉拉伤、闭合性骨折等。

（五）按伤后病程的阶段性分类

（1）急性损伤：由直接或间接暴力造成的损伤，症状迅速出现，病程较短。

（2）慢性损伤：由急性损伤处理不当转化而来，或由于长期过度负荷积累而成，症状出现缓慢，病程较长。

（六）按运动技术与训练的关系分类

（1）运动技术伤：与运动项目、技术和战术动作密切相关的损伤，如网球肘、投掷肩等。

（2）非运动技术伤：通常指运动中的意外伤害。

二、运动损伤发生的原因

运动损伤的发生是一个复杂的过程，涉及多种直接原因和间接诱因。这些原因可以分为内部因素和外部因素，而间接诱因则包括技术特征和解剖生理学特点。

（一）直接原因

1. 内部原因

（1）身体条件。①年龄：青少年骨骼发育未成熟，对外力的抵抗能力较弱，骨的生长速度与周围肌腱发育不同步，易在骨的突起部位和肌肉肌腱附着部位发生损伤。随着年龄增长，柔韧性降低、稳定性减弱，运动损伤风险增加。②性别：女性体内脂肪含量较高，肌肉含量相对较低，膝关节部位运动损伤发生率较高。激素周期性分泌变化，如月经不调，可能影响骨密度，增加疲劳骨折风险。③体格、技能：体内脂肪多、体重过大可能降低肌肉发达程度和身体灵活性、耐久力，增加了损伤风险。屈肌群与伸肌群肌力不平衡，技术不熟练，也易导致损伤。④其他：身体状况不良（如慢性疲劳、贫血、感冒、睡眠不足等）影响判断和反应能力，增加了损伤风险。

（2）心理素质：注意力不集中、情绪不稳定、急躁、畏难等心理因素，易增加运动损伤的风险。

2. 外部原因

（1）方法的因素：采用的方法不合理，增加了损伤风险。

（2）质的因素：选择不适宜的运动项目或训练方法，会增加损伤风险。

（3）量的因素：运动时间过长、运动量过大、运动频率过高，导致过度训练，增加受伤风险。

（4）环境因素：①自然环境因素，例如雨后路滑、光线不足、气温不适等，会增加受伤风险；②人工环境因素，例如劣质器械、不合适的服装鞋子、缺乏防护器具、场地不平等，会增加受伤风险。

（二）间接诱因

间接诱因与直接原因（如局部负荷过大、技术动作错误）的共同作用，可能成为致伤因素。

（1）各项运动技术的特点：不同运动项目的技术特点导致人体不同部位的损伤风险。

（2）解剖生理特点：特殊解剖位置和力学关系改变，导致某些组织在运动中容易受损。

由于运动项目的技术要求和个体的解剖生理特点，运动损伤在直接原因的影响下呈现出特定规律和特征。

第二节　运动损伤的科学预防

体育锻炼是提高健康水平和增强体质的有效方式，但必须遵循人体生理活动规律和运动卫生要求。运动安全是体育锻炼的首要问题。如果盲目随意地进行运动，可能会对身体造成伤害。

一、运动损伤的发生规律

了解运动损伤的发生规律对于预防和治疗运动损伤具有重要意义。不同运动项目由于其特殊的技术要求和运动员身体某部位的解剖生理弱点，容易导致特定部位的损伤。当这些因素同时作用时，运动损伤的风险随之增加。例如，篮球运动员由于经常在膝关节半屈位（130°～150°）进行移动、进攻、防守、跳跃和上篮等动作，膝关节的稳定性相对较弱，容易发生膝部软组织损伤，如韧带损伤、半月板损伤和髌骨软骨病等。

二、运动损伤的预防

参加体育锻炼的目的是增强体能和促进身心健康。然而，运动损伤的发生可能会对锻炼者的身心造成损害。因此，预防运动损伤至关重要。锻炼者应采取以下预防措施，确保体育锻炼健康、安全且有效。

（1）了解运动项目的特点：了解不同运动项目的技术要求及可能导致的损伤类型，选择符合自身条件的运动项目。

（2）适当的准备活动：进行充分的热身和拉伸，提高肌肉和关节的灵活性，减少受伤风险。

（3）合理的训练计划：制订科学的训练计划，避免过度训练，确保身体得到充分恢复。

（4）正确的技术动作：学习和掌握正确的运动技术，减少因技术动作不当引起的损伤。

（5）使用合适的装备：选择适宜的运动服装和鞋子，使用必要的防护装备，如护膝、护踝等。

（6）注意环境因素：选择安全的运动环境，避免在恶劣天气或不适宜的场地进行运动。

（7）监测身体状况：注意身体的信号，如疲劳、疼痛等，及时调整运动强度和方式。

（8）心理调适：保持良好的心态，避免过度紧张或焦虑，减少心理因素对运动损伤的影响。

通过以上措施，可以有效降低运动损伤的发生率，使体育锻炼更加安全和有益。体育锻炼只有遵循人体生理活动规律和一定的运动卫生要求，才能达到提高健康水平和增强体质的目的。

表8-1列举的是预防运动损伤发生的措施。如果你对某一问题的回答为"是"，说明你在体育锻炼时已采取了这一预防措施。如果你对某一问题的回答为"否"，那么，今后你在进行体育锻炼时，就应该补上这一预防措施。

表8-1 运动损伤预防措施自评量表

预防措施	是	否
1. 穿合适的运动鞋		
2. 锻炼前做主要运动肌肉群的伸展练习		

预防措施	是	否
3. 做准备活动		
4. 避免过度牵拉颈部和背部肌肉		
5. 避免脊椎同时伸展和旋转		
6. 保持运动肌群的用力平衡		
7. 选择适合自己的运动项目		
8. 避免运动强度过大		
9. 避免一次锻炼的持续时间过长		
10. 不在坚硬的、有杂物的场地上锻炼		
11. 做好整理放松活动		
12. 使用支持、保护关节的用具		

（一）运动损伤的预防重点

运动损伤的类型繁多，不同运动项目对人体各部位可能造成的伤害各有特点。一般来说，运动员常见的是小损伤和慢性损伤，而严重及急性损伤相对较少。慢性小损伤中，部分是由未完全康复的急性损伤继续训练演变而来，但更多是由于运动量安排不当，导致局部过度劳累和疲劳，最终引发损伤。因此，及时正确处理急性损伤和科学安排运动量，对预防各种组织劳损至关重要。

在学校体育活动中，学生的运动损伤情况与运动员有相似之处，但也存在显著差异。学生在体育课和课外活动中，急性损伤较为常见，而劳损较少。因此，预防急性损伤尤为重要。同时，学生在锻炼时也需合理安排运动量，避免劳损，尤其是骨连接部位和骨组织的劳损，如胫腓骨疲劳性骨膜炎、软骨炎等。此外，学生在锻炼时关节扭伤的发生率较高，特别是指关节和踝关节扭伤较为常见。因此，在参与球类和跑步运动时，应特别注意预防学生手指和踝关节扭伤。

（二）运动损伤的预防原则及基本方法

1. 重视预防运动损伤

从思想上重视运动损伤的预防，遵守体育锻炼的一般原则，加强全身锻炼，提高身体对运动的适应能力。

2. 调节身体，使之处于良好的运动状态

（1）锻炼前的准备活动。准备活动是为克服内脏器官生理惰性、缩短进入工作状态时间、提高中枢神经系统兴奋性、预防运动创伤而进行的身体练习。准备活动应根据锻炼项目、内容、强度及季节、气候的不同而有所调整，一般达到身体微微出汗，肌肉群和关节得到充分活动即可。

（2）锻炼后的放松活动。运动结束后，进行身体放松练习，帮助身体从紧张状态过渡到安静状态。放松活动包括放松练习和运动后按摩，目的是消除疲劳，恢复体力，提高锻炼效果。放松活动的作用如下：①使紧张的肌肉得到放松，促进血液循环，减少肌肉僵硬和疲劳；②促使机体迅速偿还运动时产生的"氧债"，维持酸碱平衡；③促进血液循环，帮助躯体和内脏恢复至安静状态。

3. 自我保护

锻炼者应了解和掌握初步处理锻炼后肌肉酸痛、关节不适的方法。肌肉酸痛可采用温水浴、物理疗法或进行自然按摩。若疼痛持续或加重，应及时就医。同时，锻炼中应密切注意身体反应，及早发现运动损伤的早期症状，实现早发现、早治疗、早康复。

（三）营造安全的锻炼环境

在进行体育锻炼前，应对体育器材、设备和场地进行全面的安全检查。例如，参与网球运动时，应确保球拍的重量、握把的粗细及网线的张力等均适合个人的具体情况。此外，在锻炼时应避免佩戴可能造成伤害的锐利饰物，如项链和耳环。

1. 服装的选择与卫生

适宜的服装能有效保护人体免受外界环境的不良影响。服装的保暖性、透气性、吸湿性和快干性等性能，对维护运动时的卫生状态至关重要。因此，运动服装应轻便、舒适，并根据运动类型进行选择。经常参与体育锻炼的人应勤于清洗和更换运动服，尤其是内衣，以防止汗液和细菌对健康造成影响。

2. 鞋子的选择

运动鞋的尺寸应以合脚为原则。锻炼者应根据运动项目、脚型大小、足弓高低等因素，选择具有良好弹性的鞋子。过大的鞋号可能导致运动不便和踝关节扭伤；过小的鞋号则可能压迫足部血管，影响足部的正常功能和发育。从卫生学角度出发，运动鞋应轻便、有弹性、透气性良好，避免穿着硬底鞋进行锻炼。不宜赤脚或穿着凉鞋、皮鞋，以免引起脚部疾病，如鸡眼、汗脚、脚趾变形等。同时，所穿的袜子应具有良好的通风性、吸湿性和弹性，且应保持干净、柔软。

（四）注意科学锻炼

科学锻炼应涵盖以下五个方面：全面性、渐进性、个体性、经常性和意识性。其中，全面性、渐进性和个体性在预防运动损伤方面尤为重要。

（1）全面性。锻炼者应进行全面的体能训练，而不应仅限于反复练习某一特定动作。

（2）渐进性。锻炼者应逐步增加运动负荷和锻炼时间，以适应运动强度或负荷，防止因不适应而导致运动损伤。

（3）个体性。锻炼应根据个人情况（如性别、年龄、体力、技术熟练程度等）进行调整，运动方法和运动量也应因人而异。

（4）加强易伤部位的训练。加强易伤部位和相对较弱部位的训练，提高其功能，是预防运动损伤的有效手段。例如，为了预防腰部损伤，应加强腰腹肌的训练，提高其力量，并增强协调性和保持拮抗平衡。

（5）避免不良运动习惯。有些人习惯于饭后立即打球或进行其他剧烈运动，这种做法并不符合健康卫生的要求。饭后，人体胃肠道进入紧张的工作状态，毛细血管扩张，大量血液流向消化器官以促进食物的消化。如果此时进行剧烈运动，血液会从胃肠道转移到骨骼肌，这可能导致消化功能减弱。

长期饭后立即进行剧烈运动，可能会引起消化不良，甚至增加患消化道慢性疾病的风险，如胃炎、胃溃疡等。此外，饭后胃内充满食物，剧烈运动可能会由于食物的重力和运动时的颠簸作用，对肠系膜造成牵拉，从而引发腹痛。

为了避免上述问题，建议饭后至少等待一段时间再进行运动。一般建议饭后至少休息30～60分钟，让食物有足够的消化时间。此外，选择温和的运动，如散步，可以帮助促进消化而不会对消化系统造成负担。

（五）避免不合理的饮水方式

在体育锻炼中，由于出汗导致体液流失，及时补充水分至关重要。机体缺水可能影响正常的生理机能，表现为全身无力、口唇干燥、精神萎靡和疲劳等症状。然而，在剧烈运动期间和运动后，应避免一次性摄入大量水分。

（1）运动中的饮水。大量饮水可能导致胃部膨胀，影响膈肌的正常活动和呼吸功能，不利于运动表现。

（2）运动后的饮水。一次性大量饮水会增加心脏和肾脏的负担，可能对健康造成不利影响。

（3）正确的饮水方式。在运动过程中采取少量、多次的方式，并选择接近血浆渗透压的淡盐水或运动饮料，以维持体内水和电解质的平衡。

（六）加强保护与协助，提高自我保护能力

在运动过程中，特别是在摔倒或从高处跳下时，自我保护至关重要。

1. 摔倒时的自我保护

摔倒时应立即采取屈肘低头、团身滚动的姿势，避免直臂或肘部直接撑地，以减少受伤风险。

2. 高处跳下时的技巧

着地时应以前脚掌着地，注意屈膝、弯腰，同时两臂自然张开，以缓冲冲击力并保持身体平衡。

（七）女性运动注意事项

女性在体育锻炼时需考虑其独特的身体结构和生理机能，以及心理特征，以确保运动安全并取得最佳效果。

（1）生理机能差异。女性的循环系统和呼吸系统机能可能相对较弱，因此建议适当调整运动量，以适应个体差异。

（2）身体结构特点。由于女性身体重心较低，肩部力量相对较弱，进行支撑、悬垂和摆动动作时需特别注意循序渐进，并在高处跳下时注意保护，避免使用过硬的垫子，确保正确的落地姿势，以保护骨盆的正常发育。

（3）运动项目选择。根据女性的生理特点，如平衡能力和柔韧性较好，可以选择节奏感强、轻松活泼的运动项目，如体操、平衡木、舞蹈和球类运动等。

（4）月经期体育锻炼。健康女性在月经期一般不必完全停止体育锻炼。适当的锻炼有助于改善盆腔血液循环，减轻充血现象，并可通过腹肌和盆底肌的运动对子宫产生柔和的按摩作用，促进经血排出。

（5）运动量调整。在月经期间，应适当减轻运动量，避免震动较大的跑跳动作和力量练习，以免引起经血过多或子宫位置改变。锻炼时间也不宜过长，特别是对于月经初潮的少女，更需注意运动量的控制。

（6）避免极端温度的刺激。月经期间应避免寒冷和高温的刺激，如不宜参加游泳、冷水浴或在强烈阳光下暴晒。同时，注意保暖，尤其是下腹部，以防卵巢功能紊乱导致月经失调。

（7）特殊情况下的锻炼暂停。对于月经失调、腰腹部酸痛或有炎症的女性，建议暂停体育锻炼，直至症状缓解。

第三节　常见运动损伤评估与处理方法

一、擦伤

（一）原因与症状

擦伤通常由于运动过程中皮肤受到摩擦或撞击而产生，常见于跑步摔倒或进行体操等项目时，身体与器械或地面的摩擦导致。擦伤后皮肤可能出现出血或组织液渗出。

（二）处理方法

（1）小面积擦伤：可使用红药水（如汞溴红溶液）直接涂抹伤口。

（2）大面积擦伤：先应用生理盐水清洗伤口，以清除污物和降低感染风险。然后涂抹红药水，再用消毒纱布覆盖伤口，最后用纱布进行包扎。

（3）面部擦伤：不宜使用含有染色剂的药物（如龙胆紫），因为这些药物可能会在皮肤上留下持久染色，影响美观；建议采用其他适当的消毒和保护方法。

（4）特殊部位擦伤：如膝关节处的擦伤，在清洗伤口后，可以先使用消炎药膏（如红霉素软膏）涂抹，然后用无菌纱布覆盖，再用胶布固定。必要时，可以使用绷带进行额外的固定和保护。

二、撕裂伤

（一）原因与症状

撕裂伤通常发生在剧烈运动或受到突然强烈撞击时，导致肌肉或其他软组织撕裂。撕裂伤可分为开放性和闭合性两种类型。

（1）开放性损伤：如皮肤被割伤，会立即出血，伤口周围可能出现红肿。

（2）闭合性损伤：皮肤表面可能无明显创口，但触摸时会感到凹陷并伴有剧烈疼痛。常见撕裂伤包括眉棱撕裂和跟腱撕裂等。

（二）处理方法

（1）轻度开放性撕裂伤：对于轻度的开放性撕裂伤，可以使用红药水（如汞溴红溶液）进行消毒和保护。

（2）严重开放性撕裂伤：对于裂口较大或出血较多的撕裂伤，首先需要止血。必要时，应进行缝合处理，并注射破伤风抗毒素，以预防破伤风的发生。

（3）肌腱断裂：如跟腱等重要肌腱发生断裂，通常需要通过手术进行缝合，以恢复其功能。

三、常见的肌肉拉伤

肌肉拉伤是体育锻炼中常见的损伤，以下是几种常见的肌肉拉伤类型：

（一）常见的肌肉拉伤类型

1. 股四头肌

（1）特点：股直肌是股四头肌中唯一跨越两个关节的肌肉，因此也是最容易拉伤的肌肉之一。

（2）常见的拉伤原因：常在跳跃或猛踢时，因肌肉突然的偏心收缩而引起拉伤。

（3）症状：拉伤者可感到大腿前部有撕裂感，并伴有局部肿胀和压痛。

2. 腘绳肌

（1）组成：包括半腱肌、半膜肌和股二头肌。

（2）常见的拉伤原因：在快跑与猛踢时，小腿在减速过程中易发生离心拉伤。

（3）高风险人群：短跑、足球运动员及关节较紧张者。

（4）常见损伤：股二头肌拉伤较为常见。

3. 腓肠肌

（1）拉伤特点：拉伤或断裂多发于内侧肌头。

（2）症状：锻炼者在损伤时，可能会感到小腿啪的一声，或像被人打了一下。

4. 内收肌群

（1）常见的拉伤原因：在足球运动时由于用力内收而常引起内收肌、股薄肌等拉伤。

（2）症状：可在大腿上部内侧摸到肿块。

5. 肩袖肌群

（1）组成：由肩胛下肌、冈上肌、冈下肌及小圆肌等四块肌肉组成（图 8-1）。

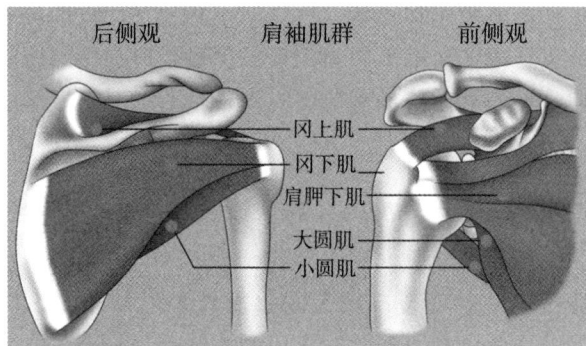

图 8-1 肩袖肌群

（2）高风险人群：多见于棒球、排球、网球运动的参与者。

（3）症状：患者常出现持续肩痛或肩关节脱位。

（4）常见损伤部位：拉伤多位于远侧肌腱或肌与腱的连接处，尤以冈上肌拉伤较为多见。发生后常经久不愈，影响继续锻炼。

（二）锻炼引起的肌肉酸痛

锻炼引起的肌肉酸痛是一种常见现象，通常与以下因素有关。

（1）急性拉伤史的缺失。锻炼者通常没有急性拉伤史，由于一段时间未进行运动，导致身体难以适应强度较大的锻炼。

（2）锻炼强度和时间。一次锻炼时间过长或强度过大，可能会在运动后即刻或稍后感到某处肌肉酸痛。

（3）即刻酸痛。有时酸痛是在运动后即刻产生，这多是由于激烈运动引起肌肉内液体堆积增多，以及肌纤维的微细损伤所致。

（4）延迟性肌肉酸痛。有时酸痛是在一次长时间、大强度运动后20～48小时内发生，通常在 24～72 小时内达到顶峰，并在 5～7 天后基本消失。这种现象被称为延迟性肌肉酸痛。

（5）科学解释。现今的研究结论认为，延迟性肌肉酸痛主要是由肌纤维或结缔组织的细微损伤所致，这种损伤会引起肌肉水肿和疼痛。

（三）肌肉拉伤的发生机制与评估分级

肌肉拉伤是体育锻炼中常见的损伤，根据其发生机制，可分为主动拉伤和被动拉伤两种类型。

1. 肌肉拉伤的类型

（1）主动拉伤。这种拉伤通常发生在肌肉进行猛烈收缩时，其力量超过了肌肉本身所能承受的极限。

（2）被动拉伤。当肌肉在被动伸展时超过其固有的伸展限度，也可能导致拉伤。

2. 肌肉拉伤的等级

肌肉拉伤的严重程度，临床上一般将其分为三个等级：

（1）一级（轻度拉伤）。只有少数肌纤维被拉长或撕裂，周围筋膜未受损伤。运动时可能感到疼痛，但通常不影响运动能力。肌纤维的断裂仅在显微镜下可见。

（2）二级（中度拉伤）。有较多数量的肌纤维断裂，筋膜也可能有撕裂。锻炼者可能听到啪的一声断裂声，肌肉与肌腱连接处可能略有缺损和下陷。撕裂处周围可能出现出血和水肿。

（3）三级（重度拉伤）。肌肉完全被撕裂，撕裂处多见于肌腹、肌腱，或肌腱与骨骼的连接点。锻炼者基本上无法再活动，受伤后立即产生剧烈疼痛，但疼痛可能很快消退，因为神经纤维也可能受损。通常需要进行外科手术治疗。

（四）肌肉拉伤的预防

预防肌肉拉伤的关键在于针对其发生原因采取相应措施。

（1）进行充分的准备活动，特别是针对易损伤部位。

（2）体质较弱者应根据自身能力进行练习，避免过度疲劳和过大负荷。

（3）提高动作技能的协调性，避免用力过大。

（4）改善锻炼条件，注意练习场所的温度。冬季户外锻炼时应注意保暖。

（5）观察肌肉的反应，如硬度、韧性、弹性和疲劳程度。

（6）肌肉拉伤后，重新参加锻炼时应循序渐进，避免急于求成，并加强局部保护，防止再次受伤。

（五）肌肉拉伤的治疗

肌肉抗阻力试验是一种简便的检查肌肉拉伤的方法：患者进行受伤肌肉的主动收缩活动；检查者对活动施加一定阻力；对抗过程中出现疼痛的部位即为可能的损伤处。

肌肉拉伤的治疗应根据损伤程度而确定：对于少量肌纤维断裂，应立即进行冷敷，局部加压包扎，并抬高患肢，可外敷中草药以减轻炎症。对于肌纤维大部分或完全断裂的情况，在紧急加压包扎后，应立即前往医院接受手术缝合。肌肉拉伤快速应急措施如图 8-2 所示。

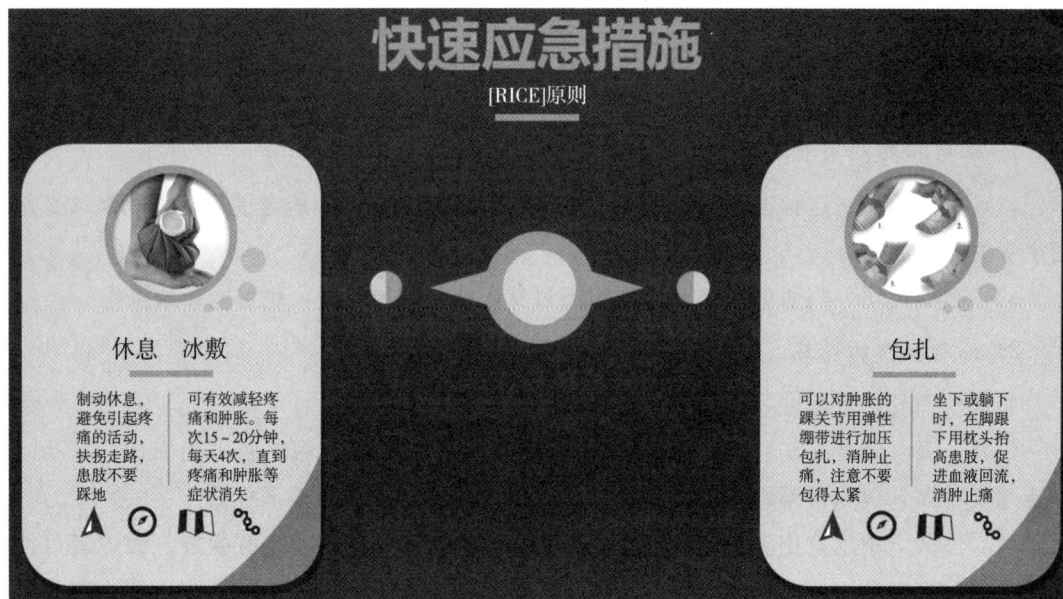

图 8-2　肌肉拉伤快速应急措施

四、肌肉挫伤

（一）肌肉挫伤的发生机制与评估分级

1. 肌肉挫伤发生机制

肌肉挫伤常见于强对抗性运动，如足球或篮球运动，可能导致疼痛和暂时性功能丧失，恢复时间较长。

（1）病理变化。早期表现为血肿和炎症反应，与肌肉拉伤不同，肌肉挫伤后期由致密结缔组织瘢痕取代血肿，瘢痕中不包含肌纤维再生。

（2）并发症。严重肌肉挫伤可能引起骨化性肌炎，表现为局部疼痛、僵硬，有时可触及硬块。

2. 肌肉挫伤临床分级

一级（轻度）：局部有压痛，关节活动度良好，步态无改变。

二级（中度）：压痛明显，伴有肿块，关节活动受限，步态异常。

三级（重度）：严重肿胀和压痛，关节活动严重受限，行走困难。

（二）肌肉挫伤的预防

肌肉挫伤的预防措施包括：穿戴适当的保护装备，如护腿板；进行充分的准备活动；避免用力过猛等。

（三）肌肉挫伤的治疗

治疗肌肉挫伤应遵循以下步骤。

（1）立即停止锻炼，根据伤情进行处理。

（2）对于皮肤出血，先消毒伤口，使用外用消炎药粉，并进行包扎。

（3）初期使用冷敷以减少出血和肿胀。

（4）24～48小时后，改用热敷以促进血液循环，减轻疼痛和肿胀。

（5）适当进行按摩和使用外用药物（如酒精或松节油）。

（6）伤势减轻后，逐渐增加活动量，如练习走路、下蹲、弯腰、举臂等，以恢复关节和肌肉功能，防止肌肉萎缩。

五、胫腓骨疲劳性骨膜炎

（一）胫腓骨疲劳性骨膜炎的发生机制与症状

胫腓骨疲劳性骨膜炎是一种常见的运动损伤，在初次参加体育锻炼的人群中发病率较高。

（1）发生原因：主要是由于跑跳时间过长，小腿肌肉在胫腓骨的附着点受到过度的牵拉，刺激骨膜引起的非细菌性炎症。

（2）影响因素：下肢肌肉不发达、缺乏弹性，跑跳时不能协调地收缩和放松，脚落地时不会利用缓冲力量，致使骨膜反复受到牵拉。此外，天气较冷时未做好充分的准备活动，腿部肌肉、肌腱僵硬，以及在坚硬地面上跑跳时间过长，都可能引发胫腓骨疲劳性骨膜炎。

（3）症状：疼痛、压痛等。

（二）胫腓骨疲劳性骨膜炎的预防

预防胫腓骨疲劳性骨膜炎的关键在于以下几个方面。

（1）循序渐进：初参加体育锻炼的人在练习跑跳时，应遵循循序渐进的原则，避免突然增加运动量，防止过度疲劳。

（2）交替练习：脚尖着地跑与脚掌着地跑应交替进行，后蹬跑和上下坡跑应练习与休息相结合，以增强下肢肌肉的力量和弹性，使其有一个适应的过程。

（3）准备活动：剧烈跑跳前要做好准备工作，使肌肉和肌腱得到充分的活动；脚着地时要注意利用缓冲力，避免在坚硬的场地上长时间跑跳。

（三）胫腓骨疲劳性骨膜炎的处理措施

处理胫腓骨疲劳性骨膜炎应采取以下措施：

（1）停止大运动量练习，避免剧烈跑跳。

（2）热水浸泡。每天用40～50℃的热水浸泡患处30分钟，并用绷带将小腿下部包扎起来，休息数日。

（3）局部热敷。用热水袋或热毛巾进行局部热敷，促进血液循环，加快渗出物的吸收。

（4）休息。病情严重者应完全休息，待彻底治愈后再进行锻炼。

六、腰扭伤

（一）腰扭伤的发生机制与症状

腰扭伤是一种常见的运动损伤，尤其在举重、跳水、投掷、体操、篮球、排球等运动中容易发生。

（1）发生原因：人体腰部的正中是脊柱的腰段，由5个腰椎组成。这些腰椎通过韧带和细小的肌肉连接，负责腰部的前屈、后伸、侧弯等活动。肌肉和韧带虽有一定的伸展性和弹性，但若突然超过限度，容易撕裂和拉伤，造成腰部扭伤。

（2）症状：腰扭伤后，患者常感到腰部疼痛、活动受限，严重时可能影响日常生活。

（二）腰扭伤的预防

预防腰扭伤的措施如下：

（1）充分准备活动。在剧烈运动前要做好充分的准备活动，特别是腰部的准备活动，如前后弯腰、左右转身、上下跳跃等，以促进腰部血液循环，增加局部温度。

（2）正确的姿势和用力。在体育活动中，注意姿势正确、用力恰当，掌握动作要领，避免用力过猛。

（3）加强腰部肌肉锻炼。通过锻炼增强腰部肌肉的力量和耐力，提高脊椎的活动度和韧带的弹性，降低撕裂和扭伤的风险。

（三）腰扭伤的治疗

腰扭伤后的处理方法包括：

（1）立即休息。停止活动，避免进一步损伤。

（2）热敷疗法。使用热敷可以缓解疼痛，促进血液循环，加速炎症消退。

（3）适当垫枕。在床上休息时，可在腰下垫一个薄软枕头，以减轻腰部压力和疼痛。

（4）专业治疗。必要时，应去医院接受专业治疗，避免病情恶化或转为慢性腰腿痛。

七、肌肉痉挛

(一) 肌肉痉挛的发生机制与症状

肌肉痉挛，通常称为抽筋，是肌肉不自主的持续性强直收缩。

1. 常见痉挛肌肉

小腿腓肠肌、足底屈拇肌和屈趾肌。

2. 发生原因

(1) 运动中大量排汗导致电解质流失，影响肌肉和神经的兴奋性。

(2) 肌肉快速连续收缩，放松时间不足，破坏了收缩与松弛的协调。

(3) 寒冷环境下未做准备活动或准备活动不充分，肌肉受到寒冷刺激。

(4) 局部肌肉疲劳或细微损伤。

3. 症状

局部肌肉僵硬、隆起，剧烈疼痛，难以缓解。

(二) 肌肉痉挛的预防

预防肌肉痉挛的措施如下：

(1) 锻炼前应进行充分的准备活动。

(2) 对易痉挛的肌肉进行适当按摩。

(3) 冬季户外锻炼注意保暖，夏季锻炼补充淡盐水及 B 族维生素。

(4) 避免在疲劳或饥饿状态下锻炼。

(三) 肌肉痉挛的治疗

1. 治疗肌肉痉挛的方法

(1) 牵引痉挛肌肉。缓慢而持续地牵拉，避免使用暴力。

(2) 按摩。痉挛缓解后进行适当按摩，如推、揉、捏、按压。

2. 具体操作

(1) 腓肠肌痉挛：患者平坐或仰卧，伸直膝关节，牵引者握住患者足部，利用身体前倾的力量缓慢扳动脚掌和脚趾。

(2) 屈拇肌、屈趾肌痉挛：用力将脚趾向上扳，注意力度要适宜。

八、关节脱位

(一) 关节脱位的定义与分类

关节脱位，也称为脱臼，指关节面失去正常的对合关系。

分类：关节脱位分为损伤性、先天性、习惯性、病理性、开放性、闭合性脱位，以及完全脱位与不完全脱位等类型。

（二）关节脱位的并发症

关节脱位可能伴随以下并发症：关节囊、骨膜、关节软骨、韧带、肌腱等组织的损伤或撕裂；在严重情况下，可能伴有神经损伤或骨折。

（三）关节脱位的症状与处理

1. 症状

关节脱位后，关节内可能形成血肿，导致疼痛和肿胀。

2. 处理建议

处理建议如下：

（1）尽早整复。脱位后应尽快进行整复，以利于关节功能的恢复。

（2）临时固定。若不能及时复位，应用夹板和绷带在关节脱位的姿势下进行暂时固定。

（3）保持安静。保持伤员安静，避免造成进一步伤害。

（4）紧急送医。尽快将伤员送至医院接受专业治疗。

（四）常见关节脱位的临时固定方法

在运动损伤中，肩关节和肘关节脱位较为常见。其临时固定方法如下。

（1）肩关节脱位。使用大悬臂带将伤肢前臂悬挂于屈肘位。

（2）肘关节脱位。使用铁丝夹板弯成合适的角度，置于肘后，用绷带固定后再用大悬臂带悬挂前臂；如无铁丝夹板，可直接使用大悬臂带固定伤肢。

（3）现场应急措施。如果现场没有三角巾、绷带、夹板等，可就地取材，使用头巾、衣物、薄板、竹片、厚本杂志等作为替代物进行固定。

第四节　常见慢性运动损伤的评估与康复方法

首先，我们了解一下什么是应力。应力是物体由于外因（如受力、湿度、温度变化等）而变形时，在物体内部各部分之间产生相互作用的内力，以抵抗这种外因的作用。当人体存在慢性疾病或退行性变化时，可能会减弱对应力的适应能力；局部存在畸形时，可能增加局部应力；在运动中，如果注意力不集中、技术不熟练、姿势不准确或疲劳等，都可能导致应力集中。这些都是慢性损伤的常见病因。

慢性损伤是可以预防的。我们可采取预防措施，防止其发生和复发，并结合防治，以提高疗效。单纯治疗而不预防，症状往往会复发；对于反复发作的情况，治疗将变得非常困难。慢性损伤通常由慢性损伤性炎症引起，因此，限制致伤动作、纠正不良姿势、增强肌力、维持关节的非负重活动及定时改变姿势以分散应力，是治疗的关键。对于某些需依靠手术治疗的慢性损伤，如狭窄性腱鞘炎、神经卡压综合征及腱鞘囊肿等，可以考虑进行手术治疗。

一、髌骨软化症

髌骨（膝盖骨）与股骨髁共同构成髌股关节。正常情况下，髌股关节的两部分对合良好，各部位关节面受力均匀。髌骨软化症的发生是由于这种生物力学关系发生紊乱，导致髌骨向外侧倾斜或半脱位，进而引起髌骨内侧软骨撞击股骨外髁滑车，造成关节外侧间隙软骨过度磨损、软骨细胞脱落、骨质增生、关节间隙狭窄等一系列病理变化，出现膝关节前侧疼痛、久坐起立或下楼、下坡时疼痛加重，常有腿打软、关节怕凉，或膝关节反复肿胀、积液等临床症状。严重时，可能发展为骨关节炎。

（一）病因

髌骨软化症主要与劳动、运动姿势和强度有关。当膝关节处于 $35°\sim50°$ 半屈状态时，髌骨半脱位或侧倾的风险增加，从而加重髌股关节的外侧磨损。例如，自行车、爬山、滑冰等运动训练是髌骨软化症的常见诱因。膝关节长期承受高强度负荷（包括过度肥胖状态下的运动）也容易加剧髌骨软化症；不良体态，如 X 型腿，会加重膝关节的磨损。现代人长期久坐，大腿内侧肌群紧张，而臀部力量薄弱，导致双膝被内侧肌群向内拉，形成 X 型腿（图 8-3）。X 型腿压缩了膝关节间的空间，导致原本不应磨损的位置开始磨损。膝盖内扣时，膝盖骨的滑动轨迹错误，加剧软骨磨损程度，引起膝盖疼痛。

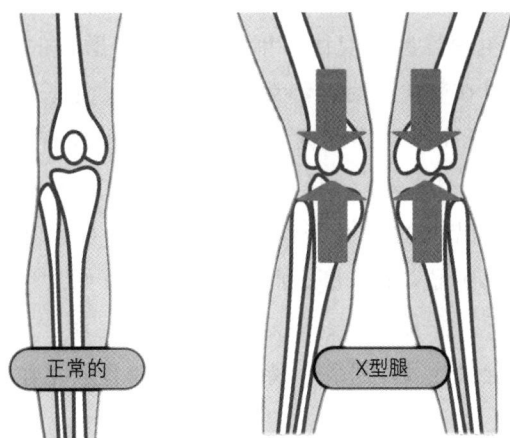

正常的　　　X型腿

图 8-3　X 型腿

（二）症状评估表现

髌骨软化症可出现在任何年龄段，运动员和中老年女性患者较为常见。青少年在早期阶段表现为膝关节前侧疼痛，休息后可缓解，但随着病程延长，疼痛时间多于缓解时间，下楼时疼痛加重。严重时，患者可能需侧身横着下楼，下楼或行走时常突然无力摔倒，俗称"打软腿"。膝关节怕冷，会反复肿胀积液，常被误诊为"风湿"。病情进一步发展时，下蹲困难，夜间疼痛，影响睡眠和正常生活。晚期由于磨损严重，膝关节不能完全伸直，关节腔内可能出现关节积液和游离体，造成关节内绞锁，突然卡住关节等。髌骨软化症常被误诊为半月板损伤、"缺钙"或"风湿"。

（三）处理

1. 非手术疗法

（1）药物治疗：药物主要用于缓解疼痛，但不能治愈疾病，因为得病的根源——股四头肌内侧头与髌骨的磨损仍在继续。到一定程度后，药效可能减弱，只能手术治疗。

（2）体疗：进行伸膝绷劲操。对于膝关节无法完全伸直的患者，可在膝关节上附加沙袋助压。但这种方法无法单独锻炼加强股四头肌内侧头，仅能作为辅助治疗手段。具体做法是：膝上先放置 2.5～3 千克的沙袋（加热或不加热均可），屈膝 30°（此时主要锻炼股四头肌内侧头），然后用力向下绷劲 5 秒，放松，间隔 5～6 秒后再重复。每天练习 2～3 次，每次持续 30 分钟。

2. 手术治疗

手术治疗纠正髌骨向外侧倾斜或半脱位的问题，旨在从根本上解决髌骨软化症的病因。

（四）预防

了解髌骨软化症的根本原因，并尽早采取科学的预防方法。

（1）了解髌骨软骨的生理性磨损规律。年龄与膝关节磨损的关系：15 岁以前，膝关节处于发育阶段，疼痛多发在膝关节附近，常见于儿童的"生长痛"。15～30 岁，膝关节处于"完美状态"，使用频繁而不易感到疲劳。但软骨厚度仅有 3～5 毫米，且无神经分布，因此不易察觉疼痛。30～40 岁，软骨开始轻度磨损，进入脆弱期，可能出现短期膝关节酸痛。40～50 岁，膝关节酸痛在长距离行走后更为明显，应开始注重关节保养。50 岁以上，膝关节疼痛频繁且明显，软骨磨损严重，关节炎开始发生。膝关节软骨的退变通常自 30 岁开始，45 岁以下人群骨关节炎患病率仅为 2%，而 65 岁以上人群患病率高达 68%。因此，对膝关节的保健应及早进行，特别是对于髌骨软化症患者，应及早矫正不正常的髌股关节对合。

（2）避免剧烈运动。避免持续性蹲位和剧烈运动，如爬山、爬楼梯等，这些运动会增加膝关节屈曲位的负重；避免突然改变锻炼强度，尤其是"站桩"等活动，因为它们可能加重髌骨软化症患者的症状。

（3）保持适合体重。保持合适体重以降低膝关节的重力负担，减少退行性疾病的风险。强壮的股四头肌有助于增强膝关节的稳定性，减少异常冲击和骨性关节炎的发病率。

（4）膝关节养护。根据中医理论，膝关节骨性关节炎属于痹症范畴。应注意膝关节保暖，避免长时间暴露于冷空气中。热敷可以改善血液循环，减轻疼痛和肿胀。应劳逸结合，避免关节过度负重。适当活动关节，如游泳、骑自行车。肥胖者应节制饮食，减轻体重。加强关节周围按摩和推拿，合理使用支具，纠正不良姿势。

（五）膝关节运动康复保健

具体包括股四头肌练习、直腿抬高练习、踮脚练习、静蹲练习和蹬车练习等，以增强肌肉力量和关节稳定性。

① 股四头肌练习：下肢伸直，踝关节尽量向自己头部方向勾脚，感觉到大腿上方的肌肉收缩绷紧，维持 10 秒，放松 2 秒。每组 15 次，3～4 次/日。

② 直腿抬高练习：将膝关节绷直抬高，维持 20～30 秒，放下，每天 3～4 组，每组不少于 20 次。

③ 踮脚练习：双足并拢，提起脚跟，坚持 15 秒，然后慢慢放下，再提起，再放下，连续 20 次为一组，每天 5 组。在双脚完全站立后，可抬起一侧脚，改为单脚站立，双脚交替进行。

④ 静蹲练习，恢复大腿肌肉力量：双脚与肩同宽，逐渐向前伸展，小腿与地面垂直，锻炼时逐渐增加角度，大腿与小腿的夹角由 150° 逐步减小到 90°，大腿与小腿的夹角不要小于 90°。每次坚持 15 秒，每次 2～3 组，每天 2～3 次。后期靠墙静蹲，每次 2 分钟，间隔 10 秒，5～10 次每组，每口 2 组。

⑤ 蹬车练习，每天 30 分钟。

二、腰部慢性软组织损伤

腰部慢性软组织损伤通常由长时间保持固定姿势工作或重复动作引起，导致肌肉、肌腱、腱鞘及连接椎体的韧带、腰背筋膜、滑膜、关节囊等组织损伤，引发一系列临床症状。急性软组织损伤若未经过正规治疗，可能转化为慢性软组织损伤。大多数慢性软组织损伤自起病即表现为慢性，长期姿势不变导致肌肉持续收缩，即便停止工作，肌肉也难以恢复到舒张状态，可能持续数小时甚至更久。慢性软组织损伤是逐渐形成的，短期内不易观察到，症状明显时往往已出现器质性改变。常见类型包括。

（一）腰肌劳损

腰肌劳损涉及腰骶部肌肉、筋膜及韧带等软组织的慢性损伤，引起局部无菌性炎症和腰臀部一侧或两侧的弥漫性疼痛，又称腰臀肌筋膜炎或功能性腰痛，中医称之为肾虚腰痛，是慢性腰腿痛中的常见病种。

临床评估症状：表现为长期反复发作的腰背部酸痛不适，或钝性胀痛，腰部沉重且僵硬，如负重物，症状时轻时重、缠绵不愈。充分休息、保暖、适当活动或改变体位姿势，可缓解症状；劳累或阴雨天气、风寒影响，则会使症状加重。腰部活动基本正常，无明显障碍，但有时感到牵扯不适。患者不宜久坐、久站，不能弯腰工作，弯腰稍久后直腰困难，常需双手捶打腰背部以缓解不适。急性发作时，症状明显加重，可能出现肌痉挛，甚至腰脊柱侧弯，下肢牵扯作痛等症状。

（二）腰背肌筋膜炎

腰背肌筋膜炎表现为腰部广泛性隐痛，或有负重感、蚁行感。劳累或受寒时症状加重，休息或遇热时症状缓解。多见于女性，多有受凉史，休息不良或受风着凉后易发病。

腰背肌筋膜炎起病缓慢，在现代文明社会中日益增多。许多人未经历明显外伤，却感到腰腿疼痛，症状时轻时重，休息后好转，劳累后加重，不宜久坐、久站，需经常变换体位。部分患者在患处有不同程度的压痛，有的压痛范围广泛或无固定压痛点。X线检查一般无异常发现。

常见症状如下：

（1）患部酸痛或胀痛，部分患者感到刺痛或灼痛。

（2）劳累时症状加重，休息时减轻；适当活动和经常改变体位时缓解，活动过度则加重。

（3）患部活动受限。

（4）患部有压痛点。

（5）患部外形无异常。

三、网球肘

网球肘（图8-4），医学上称为肱骨外上髁炎，指肘关节外侧前臂伸肌起点处肌腱发炎引起的疼痛。这种疼痛通常由前臂伸肌的重复用力造成慢性撕裂伤。患者在用力抓握或提举物体时会感到疼痛，是过劳性综合征的典型表现，在网球、羽毛球运动员中较为常见。手臂某些活动过多，如击球时前臂伸肌肌腱的过度收缩和紧张，可导致肌腱变性、退化和撕裂。

（一）病因

（1）技术不当，如击球动作不正确等。

（2）装备不当，如网球拍大小不合适或拍线张力不适当等。

（3）过度使用手臂，如频繁进行网球、羽毛球抽球，棒球投球等活动。

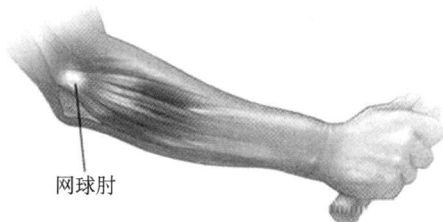

图8-4　网球肘

（二）症状表现

（1）症状多缓慢出现，初期感到肘关节外侧酸胀疼痛。

（2）肘关节外上方活动时疼痛，疼痛可能向上或向下放射。

（3）手部握力减弱，进行握锹、提壶、拧毛巾等活动时疼痛加重。

（4）肱骨外上髁处有局限性压痛点，压痛可能向下放射。

（5）局部无红肿，肘关节伸屈不受影响，但前臂旋转活动可能出现疼痛。

（6）严重者在伸指、伸腕或执筷时可能引发疼痛。

（7）少数患者在阴雨天感到疼痛加剧。

（三）处理

（1）休息。避免引起疼痛的活动，疼痛未消失前不要进行运动。

（2）药物。使用阿司匹林或非甾体类消炎止痛药，必要时可注射皮质类固醇药物。

（3）护具。使用前臂加压抗力护具，限制肌肉发力。

（4）热疗。在进行牵拉疗法和运动前应用热疗。

（5）牵拉疗法。急性疼痛消失后开始轻柔牵拉肘部和腕部。

（6）力量练习。加强腕伸肌力量训练。

（7）逐渐恢复运动。按医生建议开始锻炼。

（8）促进血液循环。改善局部血液循环，减轻炎症。

对于晚期或顽固性网球肘，若经过半年至 1 年的保守治疗症状仍严重，可考虑手术治疗，包括关节镜手术和开放性手术。

（四）预防

（1）纠正直臂击球动作，保持固定且具有弹性的角度。

（2）使用支撑力强的护腕和护肘保护手腕、肘部。

（3）打球时将弹性绷带缠绕于前臂肌腹处，以减少疼痛。

（4）确诊后应停止练习，康复并纠正错误动作后再继续。

第五节 运动损伤的康复训练

康复训练是指锻炼者在遭受损伤后，进行的有利于恢复或改善功能的身体活动。对锻炼者而言，除了严重的损伤需要休息治疗外，一般的损伤并不需要停止身体练习。此外，通过适当的、有针对性的身体活动和功能锻炼，对于损伤的迅速愈合和促进功能恢复具有积极作用。

一、康复训练的目的

① 保持锻炼者已经获得的良好身体状态，使其伤愈后能立即投入正常的体育锻炼。

② 防止因停止锻炼而引起的各种疾病。这是因为个体在长期的体育锻炼中建立起来的各种条件反射性联系，一旦突然停止锻炼，便可能遭到破坏，进而产生严重的机能紊乱，如神经衰弱、胃扩张、胃肠道机能紊乱（功能性腹泻）等，即所谓的"停训综合征"。

④ 锻炼者伤后进行适当的活动，可增强关节的稳定性，改善伤部组织的代谢与营养，加快损伤的愈合，促进功能和结构的统一。

⑤ 通过伤后的康复训练，可以促使机体能量代谢趋于平衡，防止体重增加，并缩短伤愈后恢复锻炼所需的时间。

二、康复训练的原则

① 伤后的康复训练应以不加重损伤、不影响损伤愈合为前提。应尽量不停止全身和局部的活动，且尽早开始伤部肌肉的锻炼。

② 在进行康复训练时，要根据个人的年龄、损伤部位和特点来选择合适的锻炼方式和内容，合理安排局部和全身锻炼的时间和活动量。

③ 康复训练的活动量安排必须遵循循序渐进的原则。特别是在损伤愈合过程中的局部锻炼，其动作的幅度、频率、持续时间、负荷量等都应逐渐增加，以免加重损伤或影响愈合。

④ 康复训练应注意局部专门练习与全面身体活动相结合。在损伤初期，由于局部肿胀、充血、疼痛和功能障碍等，在不加重局部症状的前提下，进行适当的局部活动。随着损伤的好转或逐渐愈合，局部的活动量和时间可逐渐增加。

三、康复训练的内容和方法

（一）主动运动

主动运动是由患者自主完成的一种训练方式，包括静力练习、动力练习和等速练习。

（1）静力练习。肌肉进行等长收缩，即肌肉保持固定长度，关节不活动。

（2）动力练习。关节活动，肌肉在收缩时长度缩短，产生的运动属于等张收缩。

（3）等速练习。利用特殊的"等动练习器"进行肌肉锻炼。练习时，肌肉以最大力量进行全幅度收缩，器械的作用限制运动速度，保持肌肉高度张力，兼具等长收缩和等张收缩的优点。

（二）被动运动

被动运动适用于伤后功能障碍。通过被动运动可以放松痉挛的肌肉，牵伸挛缩的肌肉、韧带和关节囊，从而增大关节活动度，恢复关节功能。

（三）渐进抗阻运动

此类练习有助于提高肌力与耐力，增加关节活动范围和柔韧性，有助于伤愈后预防再次损伤。

第六节　心搏骤停急救

心搏骤停是指心脏射血功能的突然终止，大动脉搏动与心音消失，重要器官（如脑）严重缺血、缺氧，导致生命危险。引起心搏骤停最常见的原因是心室纤维颤动。若呼唤患者无回应，压迫眶上、眶下无反应，即可确定患者已处于昏迷状态；注意观察患者胸腹部有无起伏呼吸运动，如触颈动脉和股动脉无搏动，心前区听不到心跳，可判定患者已发生心搏骤停。

近几年，心搏骤停猝死的患者越来越多，并呈现年轻化趋势。从目前情况来看，猝死的发生率与职业并无太大关联，主要与不健康的生活方式和心理压力有关，如经常熬夜、饮食不健康、缺乏运动等；与此同时，抢救不及时也是猝死高发的重要原因。要知道，对猝死患者的抢救必须分秒必争，最为关键的是前4分钟，其间若正确实施心肺复苏，抢救成功率可达50％，而一旦超过10分钟就降至1％，希望渺茫。

一、病因

心搏骤停的常见原因：①缺氧；②低钾血症、高钾血症及其他的电解质异常；③体温过低或过高；④低血容量；⑤低血糖或高血糖；⑥药物；⑦心包填塞；⑧肺栓塞；⑨冠状血管栓塞；⑩气胸，哮喘。

二、急救

心搏骤停急救程序如图8-5所示。

图8-5　心搏骤停急救程序

（一）判断

（1）确认周围环境是否安全。

（2）轻拍患者双肩，大声呼喊并询问，评估患者是否有意识。

（3）判断有无呼吸，观察患者胸廓是否有起伏，鼻翼是否有扇动。

（4）判断有无颈动脉搏动，用右手食指、中指从气管正中旁开两指，于胸锁乳突肌前缘凹陷处确认有无搏动（图8-6）。

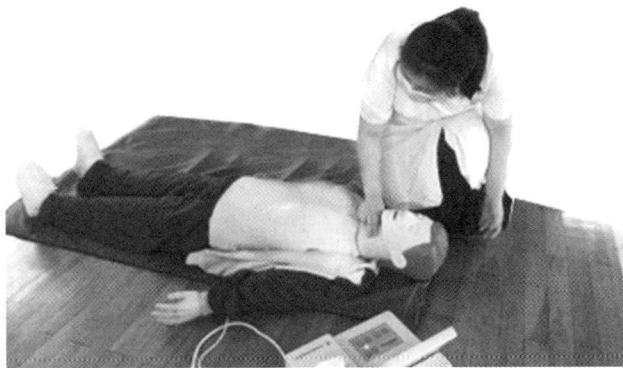

图8-6 测试患者颈部动脉

（二）呼救

拨打急救电话120，建议使用手机的免提功能。

（三）开放气道

患者置于仰卧位，检查有无义齿（假牙）、异物等，头偏向一侧，清理口鼻分泌物，头复位，采用仰头抬颏法开放气道，为进行人工通气做准备（图8-7和图8-8）。

（四）心肺复苏

首先，胸外按压部位在两乳头连线中点，胸骨中下1/3交界处。用手掌根部紧贴病人胸部，两手重叠，五指相扣，手指翘起，肘关节伸直，用上身重量垂直下压30次（图8-9）。以触摸到颈动脉搏动为最佳。按压频率应保持100～120次/分钟。

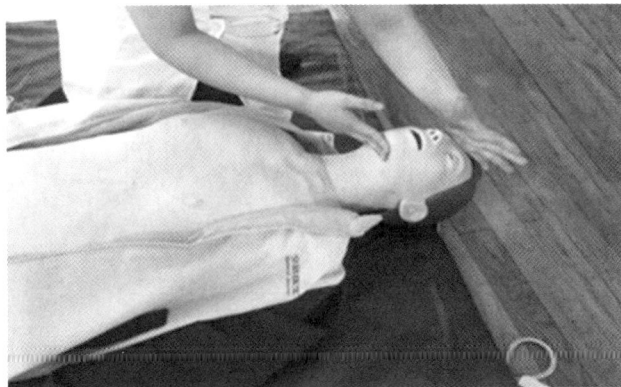

图8-7 打开患者的气道

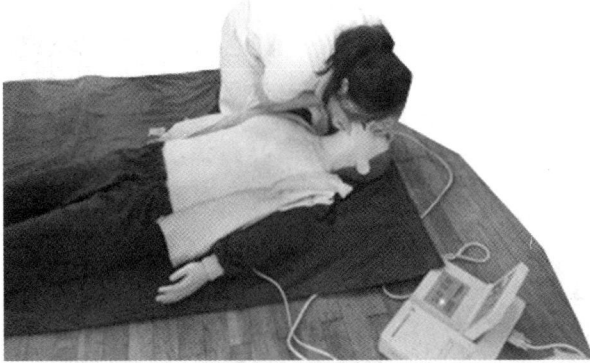

图 8-8 给患者做人工呼吸

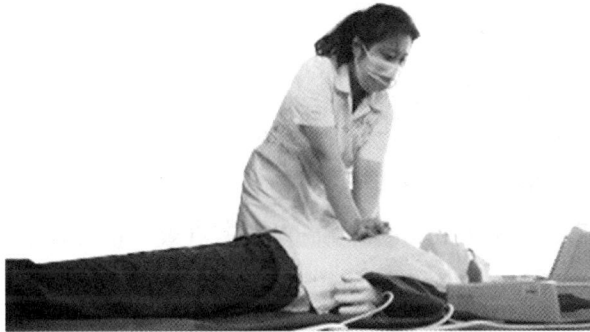

图 8-9 按压患者胸部

（五）除颤

被誉为"救命神器"的 AED（自动体外除颤器）操作简便，只需三步：开机、贴片、放电（图 8-10 和图 8-11）。心肺复苏技术为心搏骤停患者争取到更多的生存机会。当人们面对生死一线的紧急时刻，能够自信而从容地运用心肺复苏技术，为患者扬起生命的风帆，这无疑具有极其重要的意义。

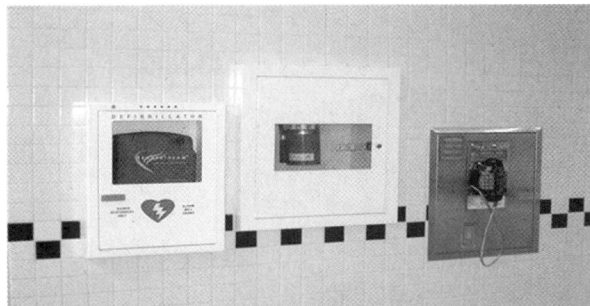

图 8-10 除颤器

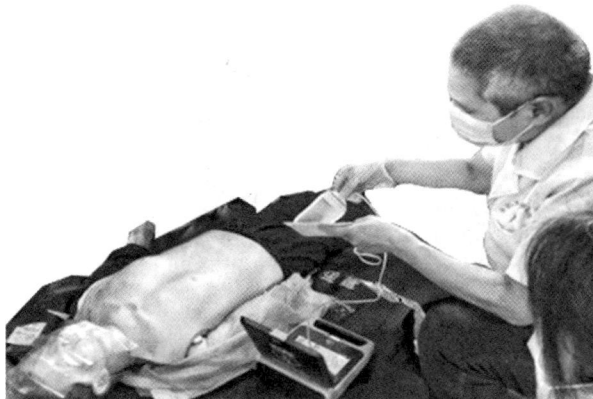

图 8-11　对患者进行 AED 除颤

三、心肺复苏的操作要点

心肺复苏（CPR）的操作要点如下：

（1）按压与通气比例。以 30 次胸外按压配合 2 次人工通气的比例进行。

（2）持续周期。持续做 5 个周期，大约 2 分钟。

（3）效果判断。通过以下方式判断心肺复苏是否有效：可触及颈动脉搏动；收缩压维持在 60 mmHg 以上；瞳孔由散大逐渐缩小，对光反射恢复；口唇和甲床由紫绀转为红润；自主呼吸恢复。

（4）后续处理。整理病人，密切监控病人的生命体征。

第九章　体育康复保健课程第二课堂

随着医疗体育和康复医学的发展，运动处方在慢性病、肢体功能障碍、神经系统障碍等疾病的预防和治疗中起着积极作用，社会效果显著。《"健康中国2030"规划纲要》提出"加强体医融合和非医疗健康干预，发布体育健身活动指南，建立完善针对不同人群、不同环境、不同身体状况的运动处方库"，体现了运动处方在国民全方位健康干预中的重要作用。高等学校针对病残弱等特殊群体学生开设的保健课程保障了这部分学生的身体健康发展，通过制定康复性运动处方提高心肺和代谢系统功能、改善关节活动度、恢复肌肉力量、增强协调和平衡功能，促进机体康复。

第一节　运动处方的制定

运动处方是一种科学、有计划的康复治疗或预防健身方案。杨静宜等在《运动处方》一书中将运动处方定义为："运动处方是指由康复医师、康复治疗师及体育教师、社会体育健身指导员、私人健身教练等，根据患者或体育健身者的年龄、性别、一般医学检查、康复医学检查、运动试验、身体素质、体适能测试等结果，按其年龄、性别、健康状况、身体素质，以及心血管、运动器官的功能状况，结合主客观条件，用处方的形式制定适合患者或体育健身者的运动内容、运动强度、运动时间及频率，并指出运动中的注意事项，以达到科学、有计划地进行康复治疗或预防健身的目的。"

运动处方具有很强的科学性、目的性、针对性和计划性，必须严格按照运动处方制定的流程进行。美国运动医学学会（ACSM）在《ACSM运动测试和运动处方指南》中用FITT－VP原则表示运动处方制定的基本原则，包括运动频率（Frequency）、运动强度（Intensity）、运动时间（Time）、运动方式（Type）、运动总量（Volume）和运动进度（Progression）。

一、运动处方的主要内容

（一）运动目标

（1）在力量性运动处方中，目标是提高肌肉的力量和耐力，适用于基本健康人群的健身及关节功能障碍患者的康复。

（2）在耐力性运动处方中，目标是提升心肺功能，适用于基本健康人群、肥胖人群及糖尿病患者的健身。

（3）在康复性运动处方中，目标是增强心肺和代谢系统功能、改善关节活动度、恢复肌肉力量、提升协调和平衡能力，促进身体康复。

（二）运动方式

（1）耐力性项目：常见的有氧运动包括健身走、健身跑、上下楼梯、登山、游泳、骑自行车、跳绳、有氧舞蹈、划船等属于耐力项目。球类运动如篮球、足球、羽毛球、网球、乒乓球等也属于耐力性项目。常用的器械有跑步机、固定自行车、划船机、椭圆仪等。

（2）力量性项目：包括自重练习、器械练习、自由重量练习等。初级阶段采用自重深蹲、自重弓步、俯卧撑、引体向上等全身性、多关节动作。随后可使用弹力带、药球、悬吊训练等超负荷手段。在具备一定力量训练基础后，可进行自由重量训练和快速伸缩复合训练。

（3）柔韧性项目：包括动力性拉伸和静力性拉伸。动力性拉伸通过反复动作增加活动范围；静力性拉伸则是缓慢拉伸至某个位置后保持一段时间。柔韧性练习有助于减少肌肉和韧带损伤，提高关节活动度和柔韧性。

（4）治疗与矫正性项目：如医疗体操、矫正体操、太极拳、保健气功、五禽戏等。

（三）运动强度

运动强度是运动处方制定的核心内容，指单位时间内运动的距离或速度。力量训练的运动强度由练习组数、每组重复次数和组间休息时间决定。耐力训练的运动强度可通过心率、最大摄氧量、主观运动感觉等确定。适宜心率计算公式为：运动时适宜心率＝安静心率＋［（208－0.7×年龄）－安静心率］×60％。

（1）较大强度：相当于最大摄氧量的 70％～80％，运动时心率可达 135～165 次/分钟。

（2）中等强度：相当于最大摄氧量的 50％～60％，运动时心率可达 110～135 次/分钟。

（3）较小强度：相当于最大摄氧量的 40％以下，运动时心率可达 100～110 次/分钟。

（四）运动时间

耐力性练习的运动时间建议为每次 30～60 分钟，其中至少 15 分钟应达到适宜心率。

一般推荐每周累计至少 150 分钟中等强度或 75 分钟较大强度的运动。若目标为体重管理，则需更长时间。柔韧性练习应保持 10～30 秒，每个动作重复 2～4 组，累计至少 60 秒。力量性练习时间取决于组数、重复次数和间歇时间，增肌训练推荐 3～4 组，每组 8～12 次，组间休息 2 分钟；肌肉耐力训练推荐 4～6 组，每组 15～20 次，组间休息 30 秒；肌肉力量训练推荐 6～8 组，每组 5 次，组间休息 5 分钟。

（五）运动频率

一般建议隔日锻炼一次，确保机体有足够恢复时间。若运动量较大，休息时间应相应延长。耐力训练每周至少 3 次，推荐 5 次中等强度有氧运动。力量训练每个主要肌群每周 1～3 次，同一肌群练习至少间隔 48 小时。

（六）运动进度

耐力训练初期 4～6 周，每周运动时间增加 5～10 分钟，直至达到计划总量和强度，然后维持 4～8 个月。力量训练适应后，可逐渐增加阻力、组数或次数。

（七）注意事项

（1）运动前后应进行充分的准备活动和放松活动，预防运动损伤。

（2）运动禁忌症如心功能障碍、心肌炎、高血压等，病情轻者不宜进行中等及以上强度的有氧运动，慎做力量练习；病情重者忌做耐力和力量练习。

（3）运动处方中需明确运动量的监控，运动中出现头晕、胸闷等症状时应立即停止运动。

（4）慢性病患者的运动处方应结合药物治疗，如糖尿病患者运动时间应避开药物作用高峰期。

（5）力量训练中要保持正确姿势和发力方式，安全第一，必要时给予保护，确保训练安全。

（6）肌肉增长需要足够的休息和营养，保持充足的睡眠，运动后慢跑、拉伸，防止肌肉僵硬。

二、运动处方制定的流程

在制定运动处方之前，必须明确运动风险的概念。健康个体在进行中等强度体力活动时，心搏骤停或心肌梗死的风险很低。然而，对于患有心血管疾病的个体，较大强度的体力活动可能使心脏猝死的风险迅速上升。

尽管如此，不应过度夸大运动风险，因为规律的体力活动带来的健康益处远大于风险。体力活动能降低多种慢性疾病的风险，减少早期死亡率。规律运动的个体，其运动风险通常低于体力活动不足的个体。因此，在制定运动处方前，应对个体进行健康评估和体格检查，以最大化健康收益并最小化运动风险。

（一）健康筛查

通过询问病史了解锻炼者的既往病史、现有疾病、过敏史、家族疾病史，以及运动史，包括运动经历、运动损伤、运动爱好和当前运动情况。还需了解锻炼者的健身或康复目的，以及生活环境、习惯、经济条件、运动设施和条件。

（二）医学检查

医学检查用于准确了解锻炼者的健康状况，判断是否有慢性疾病和运动禁忌，常用指标包括心率、血压、心电图等。

（三）体格检查

递增负荷运动试验通过逐渐增加负荷强度并测定生理指标（如心率、血压、心电图和自我感受）来评定有氧活动能力，确定运动的安全和有效界限。试验应在医师监督下进行，且试验前应检查血压和心电图。有运动禁忌症（如严重心脏病、高血压、糖尿病、传染性疾病、感冒等）的锻炼者不宜进行试验。试验中锻炼者如出现头晕、面色苍白、呼吸困难、胸闷、心绞痛等症状，或运动负荷增加而血压、心率下降，或出现心律失常、ST段下移，血压超过 250 mmHg 等情况，应立即终止试验。锻炼者试验当天应避免吸烟、饮酒，不宜空腹或饱餐后立即进行试验，试验前避免剧烈运动，确保安静时心率在 100 次/分钟以下，收缩压在 120 mmHg 以下。

（四）制定运动处方

明确运动目标，不同目标影响运动手段和方式的选择。运动目标包括健身、康复、塑形、减脂等，是选择运动内容、强度、时间和频率的依据。

（五）实施过程监控和效果评估

锻炼过程中可通过心率、心电图、血压、自我感受等方式监测，并根据锻炼者实际情况进行调整。运动适应阶段，锻炼者可逐渐适应运动方式和强度，运动调整阶段则根据身体机能测定结果调整运动处方，并严格执行。

第二节　运动处方的践行

一、健康大学生运动处方的制定与实施

大学生年龄一般为 17～22 岁，属于青年期早期。这一时期，由于性激素的作用，骨骼坚硬、肌肉力量明显增强，心血管系统和呼吸系统发育完善，是进行耐力和力量训练的最佳时期。该阶段应体现运动多样性，全面发展耐力、力量、柔韧和灵敏等身体素质，避免运动损伤。

（一）耐力训练

有氧运动类型繁多，包括跑步、骑自行车、划船、跳绳和有氧舞蹈等，这些项目对运动技能的要求较低，且运动强度可以根据个人情况调整。而篮球、足球、羽毛球、网球和游泳等项目则需要一定的运动技能和较好的运动控制能力，且运动强度较大。

运动强度低于阈值是无法有效促进机体最大摄氧量提升的。通常认为，以70%最大心率进行的有氧运动能够达到锻炼效果。运动频率应根据运动强度做相应调整，例如，中等强度运动每周不少于5次，较大强度运动不少于3次。运动时间方面，中等强度运动每次建议为30～60分钟，较大强度运动则为25～60分钟。

（二）力量训练

阻力训练能够增强肌肉力量，提高神经肌肉功能，改善身体成分和血糖水平，促进峰值骨量的提升，增加骨密度和骨强度。

1. 初期训练

在力量训练初期，建议选择克服自身体重的大动作方式进行锻炼，如自重深蹲、自重弓步、仰卧起坐、引体向上等，以构建基础力量水平。在此基础上，进行快速伸缩复合训练可以有效提升力量和爆发力。各种形式的跳跃、跳箱、跳栏架、投掷实心球等练习能有效将最大力量转化为爆发力。弹力带、药球、固定器械、自由器械等各种类型的练习方式都可以考虑，包括单关节练习和多关节练习，以及相对肌群的训练。

2. 训练强度

力量训练的强度由练习组数、每组重复次数和组间歇时间组成。增肌训练一般是每次训练1～2个部位，每个部位训练4～5个动作，每个动作3～4组，每组12～16 RM，组间歇时间控制在2分钟以内。训练应做到每组力竭，以单关节、单块肌肉驱动的动作为主。

3. 增强肌肉力量训练

增强肌肉力量训练一般是每次训练一个大范围的肌肉群（如整个后链或整个腿部），每个部位训练一到两个动作，每个动作6～8组，每组4～8 RM，组间歇时间控制在5分钟以内。训练应根据个人情况调整，注意动作规范，量力而行，确保安全。训练以主要的一到两个复合动作（如深蹲、卧推、硬拉、直立推举等）为核心。

4. 训练周期

力量训练可以11周为一个周期，即每个部位的肌肉每周训练一次。增肌训练可分为胸、背、腿、腰腹、手臂五个部分，一周训练5天，休息2天。增强肌肉力量的训练可以包括卧推、深蹲、推举、硬拉等，并可根据个人情况灵活调整。例如，在前两项训练后，可根据自身状态休息1至2天。

（三）柔韧性训练

柔韧性练习对于降低锻炼者肌肉和韧带损伤的风险至关重要，同时能够提升关节的活动范围和整体柔韧性。柔韧性训练主要分为动力性拉伸和静力性拉伸两种方式。

（1）动力性拉伸：通过反复执行动作，逐步扩大关节的活动范围。

（2）静力性拉伸：将肌肉缓慢拉伸至某一位置，并在此位置保持一段时间。

进行柔韧性练习时，首先需执行 3 至 6 秒的低强度肌肉收缩，随后将肌肉拉伸至感到轻微紧张的状态，并保持 10 至 30 秒。每个动作应重复 2 至 4 组，以达到最佳效果。

案例 9-1　增肌运动处方

【个人档案】

×××，男，20 岁，身高 185 cm，体重 62 kg，身体质量指数为 18.4。心电图检查正常，安静心率 64 次/分钟，血压 120/70 mmHg。初步检查骨骼肌含量偏低，建议进行增肌力量练习。

【锻炼内容】

一、准备部分

对肩、背、胸、臀、腿等部位进行拉伸，时间约 10 分钟。

二、力量训练

以 1 周为一个循环，围绕胸、背、腿三大肌肉群展开，1 周进行 3 次力量训练，每次间隔 1 天，采用 10～15 RM 的重量进行 3～4 组，组间休息 2 分钟，具体练习时间自行安排。

1. 第一天：背部训练

（1）宽距引体（助力或不助力均可）：每组 10～15 RM，2 组，组间休息 2 分钟。

（2）窄距引体（同上）：每组 10～15 RM，2 组，组间休息 2 分钟。

（3）对握引体（同上）：每组 10～15 RM，2 组，组间休息 2 分钟。

（4）哑铃划船：每组 10～15 RM，2 组，组间休息 2 分钟。

（5）器械坐姿划船：每组 15～20 RM，2 组，组间休息 2 分钟。

（6）传统硬拉：每组 8～12 RM，4 组，组间休息 2 分钟。

（7）山羊挺身：每组 15～20 RM，2 组，组间休息 2 分钟。

2. 第三天：胸部训练

（1）平板杠铃卧推（史密斯架或自由杠铃均可）：每组 8～12 RM，3 组，组间休息 2 分钟。

（2）上斜杠铃卧推（同上）：每组 10～15 RM，3 组，组间休息 2 分钟。

（3）杠铃肩推（同上）：每组 15～20 RM，3 组，组间休息 2 分钟。

（4）哑铃肩推：每组 15～20 RM，3 组，组间休息 2 分钟。

（5）双杠臂屈伸（助力有无均可）：每组 15～20 RM，3 组，组间休息 2 分钟。

3. 第五天：腿部训练

（1）杠铃深蹲（有无史密斯架均可）：每组 10～15 RM，6 组，组间休息 2 分钟。

（2）哑铃健步走：每侧腿 10～15 RM，2 组，组间休息 2 分钟。

（3）腿屈伸：每组 15～20 RM，2 组，组间休息 2 分钟。

（4）腿弯曲（股二头肌、腘绳肌）：每组 15～20 RM，2 组，组间休息 2 分钟。

（5）单腿硬拉：每侧 15～20 RM，3 组，组间休息 2 分钟。

三、整理运动

拉伸背部、肱二头肌、小臂、胸部、肱三头肌、大腿前后侧、小腿、臀部，每个拉伸动作保持 20 秒，每个动作重复 3 次。

【注意事项】

（1）训练中一定要先注重身体姿势和发力模式，再追求负重重量。只有采用正确的动作模式才能维持长久的训练。

（2）训练时集中精神，安全第一；训练不可急于求成，循序渐进，逐步提高。

（3）肌肉是在人体休息的时候增长的，所以除了补充足量的蛋白质等营养外，保持充足的睡眠特别重要。

（4）经过数月认真训练，在具备一定的身体能力和健身知识的基础上，可以进入高级训练模式。

案例 9-2　有氧运动处方进阶

【个人档案】

×××，女，22 岁，身高 165 cm，体重 55 kg。心电图检查正常，安静心率 62 次/分钟，血压 110/65 mmHg。在过去的半年里每周 3 次跑步锻炼，每次跑步 30 分钟左右，但运动中最大心率不超过 130 次/min。该学生的锻炼目标是进一步改善有氧适应能力，提高机体抗疲劳的能力。

【锻炼内容】

一、准备部分

股四头肌、腘绳肌、小腿后侧肌肉和下背部肌肉的静态拉伸，时间约 10 分钟，5 分钟慢跑热身。

二、间歇训练

4 分钟跑，3 分钟间歇，重复 4 次为 1 组，一共完成 3 组。

最大心率 ＝ ［208－（0.7×年龄）］ ＝ ［208－（0.7×22）］ ＝192 次/分钟

心率储备 ＝ ［（最大心率－安静心率）×70%］ ＋安静心率 ＝ ［（192－62）×70%］ ＋

62＝153 次/分钟

三、放松部分

慢跑 3 分钟后，重新做热身时的拉伸动作，并保持更长时间。

【注意事项】

（1）根据学生运动水平和锻炼目标确定运动强度，运动强度的确定是核心内容。

（2）间歇训练可以安排在两个 30 分钟连续运动之间。

（3）确保间歇训练期间充分恢复，休息时，心率要下降到 120 次/分钟。

二、残疾人运动处方的制定与实施

残疾指的是身体功能障碍或结构损伤、活动受限及参与限制，包括肢体、精神、智力或感官有障碍。残疾人进行运动康复的首要前提是安全性，在制定运动处方时要确保运动强度不低于能够产生训练效应所需的最低水平，但不引起异常临床体征或病症。在运动处方制定时，应充分考虑器材设备的条件和多样化的运动方式，以提高参与者的积极性。在制定运动处方时要明确短期目标，并通过测试肯定其在活动过程中的表现，对参与者产生激励效果。

（一）运动目标

残疾人进行运动康复是为了改善损伤带来的身体不适，保持良好的身体机能，促进代偿功能的建立，解决残疾引发的心理健康问题，以提高社会活动能力。不同残疾类型及程度其主动运动能力存在较大差异，在制定运动处方时应设定相应的运动目标，并在此基础上制订个性化的运动康复计划。运动计划的制订要与其能力相匹配，如患有上肢功能障碍的患者，其有氧运动的强度可以与正常人相同，以改善上肢功能，提高运动的协调性。

（二）运动形式

运动方式需要根据不同残疾类型、不同损伤部位及程度来选择，我们要充分考虑限制残疾人完成日常生活活动的主要因素，选择合适的运动方式，从而提高他们维持活动的能力。有氧运动和力量运动相结合的方式能有效地提升残疾人的心肺耐力和肌肉力量。同时，应有针对性地选择锻炼方式，例如，患有腿部功能障碍的患者可以进行具有自主活动能力肌群的锻炼，通过练习可以维持和改善骨骼、肌肉和关节的功能。

（三）运动强度

除患有慢性疾病的残疾人外，其他残疾人有氧运动的强度可以与正常人相同。一般来说，中等强度为 40％～59％最大储备心率，较大强度为 60％～84％最大储备心率。达到 70％最大储备心率的有氧运动才能更好地达到锻炼目的。

（四）持续时间与运动频率

坚持每天活动效果最佳。如果不能每天进行运动，每周至少保证运动 4 天，以提高心肺功能。运动持续时间至少为 10 分钟，一天累计 30～60 分钟。有氧运动基本遵循累计每周至少 150～300 分钟中等强度或 75～150 分钟较大强度的标准。

案例 9-3　先天性左上肢功能性障碍运动处方

【个人档案】

×××，男，20 岁，身高 173 cm，体重 57 kg，身体质量指数为 19.0。心电图检查正常，安静心率 72 次/分钟，血压 130/70 mmHg。初步诊断为先天性左上肢功能障碍，左手臂无法伸直、左肩膀比右肩膀低；另外，身体质量指数也偏低，建议进行增肌训练。

【锻炼内容】

一、准备活动

全身伸展运动，包括肩、胸、背、臀、腿等部位的拉伸，时间约 10 分钟。

二、基本部分

（一）慢跑、骑自行车、游泳等项目。运动强度控制在最大心率的 40%～60%，每周锻炼 5 次，每次 30 分钟以上。间歇性练习也可以纳入训练计划，它可以锻炼有氧、无氧和肌肉系统，改善心肺功能，提高动作表现。

（二）力量训练

（1）围绕胸、背、腿三大肌肉群展开，每周进行 3 次力量训练，每次之间间隔 48 小时，10～15 RM 进行 3～4 组，组间休息 2 分钟。

（2）哑铃划船：每组 10～15 RM，3 组，组间休息 2 分钟。

（3）山羊挺身：每组 15～20 RM，3 组，组间歇 2 分钟。

（4）史密斯架平板杠铃卧推：每组 8～12 RM，3 组，组间休息 2 分钟。

（5）史密斯架上斜杠铃卧推：每组 10～15 RM，3 组，组间歇 2 分钟。

（6）史密斯架杠铃深蹲：每组 10～15 RM，4 组，组间歇 2 分钟。

（7）腿屈伸：每组 15～20 RM，3 组，组间歇 2 分钟。

（8）反向腿屈伸（股二头肌、腘绳肌）：每组 15～20 RM，3 组，组间歇 2 分钟。

三、整理运动

拉伸背部、肱二头肌、小臂，胸部、肱三头肌，大腿前侧、后侧、小腿、臀部，每个拉伸动作 20 秒，每个动作重复 3 次。

【注意事项】

（1）力量训练中一定要注重身体姿势和发力模式，训练时集中精神，安全第一。

（2）间歇性练习中，低、中、高强度运动交替进行，可以用于进阶训练计划中。

（3）热身应以增加心率、血压、耗氧量和肌肉弹性为目的。

（4）即便是低强度运动，也是改善心血管系统功能的有效手段。

案例 9-4　先天性心脏病运动处方

【个人档案】

×××，女，20 岁，身高 163 cm，体重 49 kg，身体质量指数为 18.4。安静心率 74 次/分钟，血压 110/60 mmHg。初步检查为左冠状动脉狭窄，在进行剧烈运动时会出现胸闷、心悸、眩晕的现象，建议避免高强度剧烈运动；身体质量指数偏低，建议进行增肌和力量练习。

【锻炼内容】

一、准备活动

全身伸展运动，包括下背部、臀部和腿部等部位的拉伸，时间约 10 分钟。

二、基本部分

1. 散步

散步可以增强心肌收缩力，扩张外周血管，具有增强心脏功能、降低血压的效果。对于运动时会产生心绞痛的人来说，能够改善病情。建议每天散步 1 万步。

2. 跳绳

跳绳可以让血液获得更多的氧气，使心血管保持健康和强壮；同时，还能改善脑部的血液循环，提高思维能力。建议每周 2～3 次，每次跳 500 个。

3. 抗阻训练

全身肌肉力量训练可以提高锻炼者的肌肉耐力和力量，减轻日常活动中心脏的负荷，提升日常活动能力。对每个大肌肉群进行一组训练，每个动作 10～15 RM，每周 2～3 次。

三、整理运动

拉伸可以使肌肉和韧带充分舒展，促进乳酸排出，疏通经络，增强身体柔韧性。

【注意事项】

（1）抗阻训练时要保持规律的呼吸，避免憋气。

（2）主观疲劳感觉（RPE）控制在 11～14。

（3）如果出现眩晕、心绞痛、呼吸困难等症状，则终止运动。

（4）当锻炼者可以轻松完成给定重复次数的上限时，可以增加阻力负荷。

三、慢性病患者运动处方的制定与实施

康复运动处方适用于某些有内脏器官系统疾病、运动器官功能障碍的患者，如心血管疾病、高血压、糖尿病、肥胖症、腰椎间盘突出、髌骨脱位、足跟痛等疾病的康复。根据锻炼者的年龄、性别、健康状况、身体锻炼经历、心肺功能、运动器官功能等，以个体功能负荷试验所反映的客观数据为依据，规定锻炼的内容、强度和运动量。对于某些疾病或创伤康复期的患者，确定运动强度时要从较低水平开始，待身体功能水平提高后再调整运

动强度，调整的依据为功能负荷试验所呈现的客观结果。高强度运动会增加心血管疾病的风险，不利于锻炼计划的长期坚持。

（一）运动目标

心肺功能恢复的周期通常为5～6个月。在此期间，既要有长期运动目标，又要有短期运动目标。短期目标如每周运动量逐渐增加至至少150分钟的中等强度体力活动；阶段目标如每周运动量增加到250分钟的中等强度体力活动，或者进行间歇性练习，能更好地提高身体适应能力和运动表现。

（二）运动形式

医疗体操是防治疾病的主要运动方式，用于改善呼吸功能，锻炼上下肢协调能力及左右两侧肢体的协调能力，并改善身体的平衡功能。医疗运动较医疗体操强度稍大，通过有氧运动改善患者心肺功能和代谢功能，运动方式包括行走、健身跑、游泳、骑自行车等。肌肉力量训练是通过增强肌肉力量达到恢复运动功能的目的，而关节活动度练习是通过改善关节的活动范围达到完成功能性活动的目的，通常采用助动运动、主动运动和抗阻运动的方式对患者进行训练。

（三）运动强度

通过功能负荷试验得到人体功能能力，先查出其对应的运动能力，再计算出靶心率。锻炼者按照运动处方进行锻炼时，需监控自己的心率范围，确保不高于或低于靶心率规定的范围。心率过高会增加体育运动的风险，过低则无法达到促进心肺功能恢复的目的。

力量练习以恢复和保持肌肉力量为目的，选择适合的动作进行练习，每个动作做15～20 RM，做4～6组，每组间歇时间30秒。

（四）持续时间与运动频率

对于康复者来说，小强度长时间的运动形式更适合他们的身体状况。采用耐力练习进行心肺功能锻炼时，运动持续时间一般为30分钟，每天进行锻炼或者隔一天锻炼一次。力量练习的运动频率为每周对每一个大肌群训练一次，同一肌群的练习时间应至少间隔48小时。

案例9-5　双侧髌骨习惯性脱位的运动处方

【个人档案】

×××，女，19岁，身高160 cm，体重62 kg，身体质量指数为24.2。心电图检查正常，安静心率74次/分钟，血压110/60 mmHg。初步诊断为先天性习惯性髌骨脱位，膝关节不稳定，易摔跤，关节伸屈功能受限。随年龄增长，创伤性关节炎的改变日趋明显。建议不得做蹲起运动，不宜进行跑、跳等剧烈运动；另外，身体质量指数偏高，建议减轻体重。

【锻炼内容】

一、准备活动

全身伸展运动，拉伸下背部、臀部和腿部等部位，时间约10分钟。

二、基本部分

1. 有氧运动

低强度持续的有氧运动可以锻炼心肺功能，慢走、骑自行车、游泳都是很好的选择。慢走和骑自行车这两项运动对膝关节的受力要求小，不会导致髌骨脱位，能够在锻炼身体的同时起到保护膝关节的作用。游泳可以改善肌肉的力量和围度，让肌肉更加发达，进而提高身体素质，还可以改善并提高基础代谢率，有利于减肥。锻炼持续时间为 15～30 分钟，每周锻炼 3～5 次，心率控制在每分钟 100 次左右。

2. 力量训练

通过增加股四头肌的肌力并加强臀肌的肌力，来增强肌肉对髌骨的控制力，减少髌骨脱位的频率，同时也起到缓解韧带压力的作用。

(1) 靠墙静蹲：双脚脚尖和膝盖正对前方，背部靠墙，骨盆可以稍微往后旋，使背贴紧墙面，往下蹲（不要超过 90°）。下蹲时，膝盖不要超过脚尖。如果想要重点训练股四头肌内侧头，下蹲角度在 30° 以内，可以增强对股四头肌内侧头的刺激。每周锻炼 3～5 次，动作持续时间 30 秒，完成 3 组，组间休息不超过 2 分钟。

(2) 坐位直抬腿：坐在椅子上，在脚踝处绑上沙袋，将双腿伸直，尽量往上抬，感受到大腿肌肉用力后保持几秒钟，然后慢慢将腿放下。每周锻炼 3～5 次，完成 3 组，每组 10 次，组间休息不超过 2 分钟。

3. 健身气功

健身气功动作舒缓、形态优美、简单易学，通过调整姿势、锻炼呼吸、宁静思想，可达到改善机体功能、增强适应能力的效果。

健身气功易筋经和八段锦新功法动作舒展、呼吸自然、意随形走，是易学易练的健身养生功法。

三、整理运动

背、臀、腿等部位拉伸，每个动作保持 10～30 秒，每次练习重复 2～4 次，总时间约 10 分钟。

【注意事项】

(1) 坚持股四头肌力量训练，以增强膝关节稳定性。

(2) 凡是能引起膝关节症状的运动及日常活动都应尽量避免，保护膝关节，避免复发。

(3) 情况严重时请及时就医。

案例 9-0 肥胖康复治疗的运动处方

【个人档案】

×××，男，21 岁，身高 172 cm，体重 80 kg，身体质量指数为 27。心电图检查正常，安静心率 80 次/分钟，血压 150/90 mmHg。自述参加体育锻炼少，不注意饮食习惯，喜欢吃零食。初步检查患有轻度肥胖，有患高血压的倾向，建议改变原有生活习惯，加强体育锻炼以减少体脂。

【锻炼内容】

一、准备活动

全身伸展运动，包括肩、背、胸、臀和腿等部位的拉伸，时间约 10 分钟。

二、有氧运动

慢跑、骑自行车、游泳等项目，运动强度控制在最大心率的 40%～60%，每周锻炼 5 次，每次 30 分钟以上。

三、力量训练

（1）15～20 RM 进行 4～6 组：组间休息 30 秒，每周 2～3 次。

（2）背部＋胸部训练。

（3）宽距引体（助力或不助力均可）每组 12～15 RM，4 组，组间休息 30 秒。

（4）器械坐姿划船，每组 15～20 RM，4 组，组间休息 30 秒。

（5）山羊挺身：每组 15～20 RM，4 组，组间休息 30 秒。

（6）平板杠铃卧推（史密斯架或自由杠铃均可）：每组 12～15 RM，4 组，组间休息 30 秒。

（7）上斜杠铃卧推（同上）：每组 12～15 RM，4 组，组间休息 30 秒。

四、腿部训练

（1）杠铃深蹲（有无史密斯架均可）：每组 15～20 RM，4 组，组间休息 30 秒。

（2）腿屈伸：每组 15～20 RM，4 组，组间休息 30 秒。

（3）反向腿屈伸（股二头肌、腘绳肌）：每组 15～20 RM，4 组，组间休息 30 秒。

五、整理运动

肩、背、胸、臀、腿等部位拉伸，每个动作保持 10～30 秒，每次练习重复 2～4 次，总时间约 10 分钟。

【注意事项】

（1）为了达到减脂的目的，不仅要增加体育锻炼，同时应控制日常热量的摄入，以保证减肥的效果。

（2）该患者无慢性病史，可根据实际运动情况适当增加运动量或延长运动时间。建议将运动时间增加至每周不少于 250 分钟，以更好地长期保持体重。

（3）建立短期的减肥目标，最初的 3～6 个月内，减少的体重应该至少为原体重的 3%～10%。

（4）减重需要循序渐进地进行，将运动和饮食结合起来，才能达到健康减重的目的。

第三节　运动处方的监督

在运动处方实施的过程中，应对运动者进行医务监督，以确保运动处方的安全性。另外，经过一段时间的实施后，运动者的身体机能得到改善，此时应在运动强度、运动持续时间等方面逐步加强，所以需要根据实际情况不断调整、修正运动处方。运动处方应根据健康状况、运动反应和既定目标适当调整并逐步确定，使之在一定阶段能够相对固定地实施。

一、运动处方的实施阶段

适应阶段：该阶段是人体对运动方式、运动强度、运动持续时间等逐步适应，以较低强度、较短运动时间开始，一般为1～4周。

提高阶段：该阶段是在适应一定运动强度的基础上逐步提高，一般为1～5个月。此阶段可根据运动反应和体适能水平调整运动强度。

稳定阶段：该阶段人体机能相对稳定，可以有规律地进行运动，可通过调整既定目标来提升身体机能和体适能水平。

二、自我监督与医务监督

一般健康的人在实施运动处方时，可以采用自我监督的方法，通过客观检查和主观自我感觉来观察自己的健康状况和身体机能状态。教师在锻炼过程中应监测学生的脉搏、运动成绩等指标，并观察某些外部表现（如面色、神情、动作和出汗量等）以确定学生的疲劳程度。运动后及时询问学生在运动过程中和运动后的自我感觉（如精神状态、不良感觉、睡眠和心情等）。

有慢性病或身体残疾的患者，在实施运动处方时，需要有医务人员的指导和监督，以提高锻炼的安全性。一般情况下，不能按照正常体育教学大纲进行锻炼的学生，需要按照特定教学大纲进行医疗体育活动。教师应通过全面检查和观察，评估其身体机能、体适能水平和健康状况，合理安排体育锻炼的形式和强度，促进其身体健康，提高其心肺和代谢系统功能，恢复肌肉力量，改善协调和平衡能力等。

第四节　普通高校保健班学生课外运动方案范例

保健课包括课堂教学和课外活动，两者是一个整体。保健课区别于普通体育课程，需要更加注重课外活动的指导，促进学生的身体康复及心理的积极体验。由于保健班学生个体差异很大，在授课过程中，教师应考虑因材施教、健康档案的管理和监督，为每个学生进行病况分析并制定运动方案，作为第二课堂任务，同时定期检查和适度调整。学生的真实体验和感受更具说服力，现列举几个典型范例，以起到一定的告诫与借鉴作用。

范例 1　膝盖半月板损伤

一、病因

盘状半月板：又称盘状软骨，指半月板的形态异常，较正常的半月板大而厚，尤其是在体部呈盘状因而得名。患者接受了左膝三针、右膝四针的关节镜手术。术后卧床 1 个月，挂拐 2 个月，随后恢复正常行走。

二、病情症状

（1）屈膝等活动时膝关节有弹响。

（2）直腿和屈腿困难。

（3）深蹲困难、阻力大，膝盖屈伸度不足。

（4）半月板撕裂。

三、运动恢复方案

1. 初期阶段（损伤后 1～2 周）

（1）休息与制动：充分休息，避免任何可能加重损伤的活动，并使用支具或石膏固定，以限制膝关节的活动。

（2）被动关节活动：进行膝关节的被动屈伸活动，以维持关节的灵活性。

2. 中期阶段（损伤后 2～4 周）

（1）轻度主动关节活动：当疼痛和肿胀开始减退时，可开始进行轻度的膝关节主动屈伸活动，每天坚持，如坐位屈伸膝、床边垂腿等。

（2）轻度力量训练：进行轻度的股四头肌和腘绳肌等长收缩训练，以增强肌肉力量（图 9-1）。

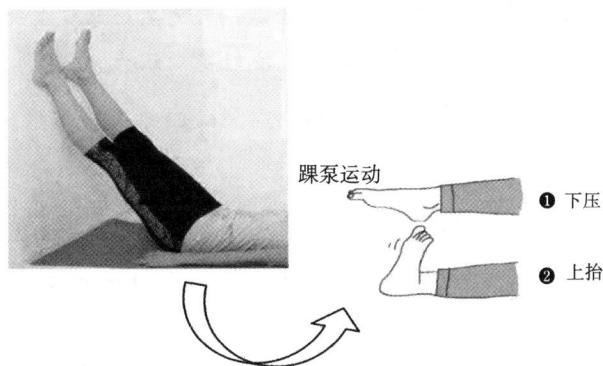

踝泵运动

❶ 下压

❷ 上抬

图 9-1　下肢轻度力量训练

3. 损伤后期阶段（4 周以上）

（1）渐进式力量训练：随着康复的进展，逐渐增加力量训练的强度，每周进行直腿抬高、静蹲等训练。

（2）平衡与稳定性训练：进行单腿站立、平衡垫训练等，以增强膝关节的稳定性和平衡能力。

（3）功能性训练：每天进行步态训练、上下楼梯等功能性训练，以恢复日常生活能力。

四、饮食恢复方案

（1）富含蛋白质的食物，如鸡蛋、牛奶、猪瘦肉、鱼虾等，有助于促进膝关节积液的吸收，提升免疫力，促进疾病康复。

（2）新鲜水果和蔬菜，如芹菜、白菜、西红柿、黄瓜、苹果、香蕉等，富含维生素，有利于病情好转。

（3）具有抗炎和抗氧化作用的食物：如燕麦、菠菜、胡萝卜等，这些食物有助于减轻炎症反应，促进伤口愈合。

（4）避免高能量食物，如油炸食品、含糖饮料、甜食等。经常摄入高能量食物会导致身体能量过剩，如果运动量又偏少，就会引起脂肪堆积，出现肥胖现象。避免食用过咸的食物，特别是咸菜，以防止水肿加重。控制水分的摄入也是缓解水肿的有效方法。

（5）营养补充剂：维生素 C 可以促进胶原蛋白合成，对关节修复很有帮助，可食用富含维生素 C 的水果蔬菜，如柑橘、西红柿等；钙可以增强骨骼强度，维生素 D 则有助于钙的吸收，可补充牛奶、奶酪等乳制品；关节修复需要大量蛋白质，可以适当补充赖氨酸、精氨酸等必需氨基酸；鱼油富含 $\omega-3$ 脂肪酸，有利于减少关节炎症和疼痛。

五、作息放松恢复方案

（1）保持规律的作息时间，保证每晚充足睡眠，避免熬夜及过度疲劳。

（2）使用放松技巧，如冥想、呼吸练习等，减轻身心压力。

范例 2　腰椎间盘突出症

一、病因

患者之前一直有一个不良习惯，就是睡觉前必须先伸展腰部，然后左右转动腰部，听到骨头咔咔作响之后才会安心睡觉。日积月累，纤维环的牢固性受到损害，导致髓核突出。

患者因追求马甲线，每天做仰卧起坐和平板支撑（大约坚持了两个月）。由于仰卧起坐时用力不当以及运动量过大（每天约 100 个仰卧起坐），导致腰部损伤。

二、运动方案

由于不适合做仰卧起坐、瑜伽部分动作、弯腰、旋转等运动，患者制订如下计划：

（1）晚饭后去操场健身走或者慢跑，时长30～45分钟，每周2～3次。

（2）每晚练习小飞燕或臀桥及其他伸展运动20分钟（在操场锻炼当天除外）。

（3）每天保持良好生活习惯，防止腰腿受凉，保证睡眠（12点前必须睡觉）。

（4）保持正确坐姿、站姿，尽量不跷二郎腿。

三、练习动作

（1）小飞燕：采取俯卧位，双手后伸，置于臀部，以腹部为支撑点，胸部及双下肢抬离床面，从而有效地加强腰背肌功能锻炼。

（2）臀桥：平卧床上，用头、双肘关节及双足跟着地，使臀部离开床面，从而加强腰背肌训练。

（3）团身运动：仰卧于床，先做屈髋、屈膝、仰卧起坐及双手抱膝贴胸等动作各15次。

（4）反复搓腰：将双手分别置于同侧腰大肌处，由上向下用力反复搓动约15次，以双侧腰部发热为准，从而缓解腰部不适。

（5）慢跑、快步走：对改善腰椎间盘突出症具有明显效果。

四、评估与调整

定期评估身体状态，根据身体反应调整运动计划，保持康复运动的持续性和有效性。通过每周或每两周的身体评估，包括评估疼痛程度、活动范围等指标，确保运动计划符合身体康复进度。根据身体反馈，适时调整运动强度，避免过度训练或训练不足。

五、注意事项

（1）腰椎间盘膨出症是腰椎间盘突出的前期阶段，应该注意改变不良姿势，避免向腰椎间盘突出发展。注意事项与腰椎间盘突出完全相同。

（2）注意不要穿任何高跟鞋。高跟鞋有害是常识，而中跟鞋和坡跟鞋也一样，都会让重心前移，容易导致脊柱弯曲加大。与高跟鞋相比，只是程度不同而已。

（3）一定要注意减少腰椎间盘的压力和损伤。弯腰、下蹲、久坐等不当姿势可能进一步加重其压力和损伤。生活中正确的姿势如图9-2所示。应避免仰卧起坐、立定跳远等对腰部施加爆发力的运动，以免造成腰椎间盘纤维环破裂。

（4）防寒保暖，尤其要注意做好腰部的保暖措施，避免腰部受风、寒、湿、冷的刺激，经常进行腰部热敷、热浴等温热的物理治疗，不要长时间待在空调下。

范例3　肩关节脱臼导致韧带三级损伤（断裂）

一、病因

患者在篮球比赛中左肩脱臼，肩胛骨关节盂下盂唇撕裂；左肩关节盂肱中韧带及盂肱

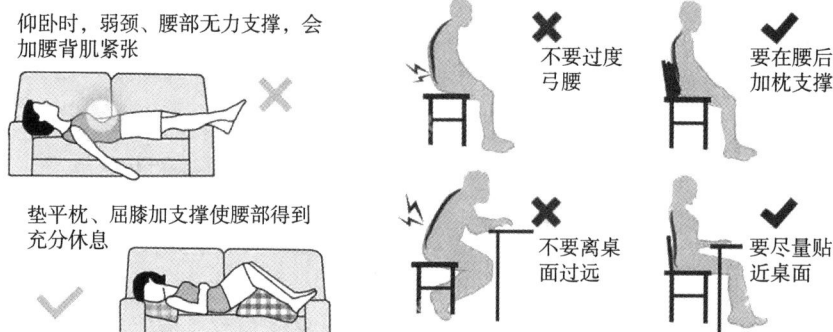

仰卧时，弱颈、腰部无力支撑，会加腰背肌紧张

不要过度弓腰

要在腰后加枕支撑

垫平枕、屈膝加支撑使腰部得到充分休息

不要离桌面过远

要尽量贴近桌面

图 9-2　腰部正确姿势

下韧带前束关节盂侧纤维断裂（图 9-3）。

二、康复计划

针对此类损伤，康复治疗应遵循以下步骤。

1. 初期治疗

在伤后的前 3~4 周，应使用固定带悬垂手臂，以减少肩关节的活动，促进初步愈合。

2. 中期康复

在伤后的前三个月内，患者应逐渐适应并参与日常生活所需的基本运动，以增强肌肉力量和关节活动性。

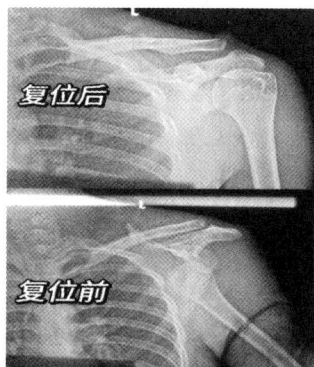

图 9-3　肩关节脱臼诊断

3. 康复运动

第 3~6 个月，患者应开始进行针对肩关节的舒缓康复运动，以进一步恢复关节功能并扩大活动范围。

4. 恢复训练

6 个月后，患者可逐步增加日常运动强度，以全面恢复肩关节功能。

三、注意事项

（1）在康复期间，患者应遵循医嘱，定期复查，确保康复过程安全有效。

（2）半年内应避免剧烈运动，以防二次损伤。

范例 4　先天性心脏病

一、病因概述

患者有先天性心脏病。由于长期运动量较小，导致身体多项功能相对较弱。在进行剧烈运动时，可能会出现胸闷和心悸等症状，但适度的有氧运动有助于身体机能的增强和改善。

二、运动方案

1. 散步

散步是一种低强度的有氧运动，有助于增强心肌收缩力和扩张外周血管，从而改善心功能、降低血压，并预防冠心病。对于在运动中可能出现心绞痛的患者，散步可以作为改善病情的有效方法。建议患者每天进行至少 1 万步的散步。

2. 跳绳

跳绳能够促进血液循环，增加血液中的氧气含量，有助于保持心血管系统的健康和强壮。此外，跳绳还能改善脑部血液循环，提高思维能力和想象力。建议每周至少进行 3 次跳绳运动，每次不少于 500 下。

3. 拉伸

充分的拉伸运动可以增加肌肉和韧带的柔韧性，提高关节的灵活性，促进乳酸的排出，减少运动后的肌肉酸痛。拉伸还能疏通人体的经络，提升身体的整体柔韧性。在进行跳绳等运动前进行 10 分钟的拉伸，运动后进行 15～20 分钟的拉伸，有助于降低运动损伤的风险。

三、注意事项

（1）先天性心脏病患者在进行任何运动前，都应咨询医生或专业医疗人员，确保运动方案的安全性和适当性。

（2）运动过程中应注意身体反应，如出现不适，应立即停止运动并寻求医疗帮助。

范例 5　甲状腺弥漫性病变

一、病因

甲状腺弥漫性病变是一种甲状腺疾病，临床上常见的类型包括结节性甲状腺肿、甲状腺癌、桥本甲状腺炎等。

桥本甲状腺炎：起病缓慢，患者一般无特殊感觉，常在无意间发现甲状腺肿大，一般呈弥漫性对称性肿大，亦可一侧肿大较明显。患者有遗传因素，为家族遗传所致。

二、病情症状

常见的症状如下：

（1）甲状腺肿大：可能为对称性肿大或一侧肿大更为显著。

（2）甲状腺功能异常：可能导致甲状腺功能亢进或减退。

（3）代谢变化：如体重增加、疲乏、心悸等。

（4）皮肤和毛发变化：皮肤可能变得干燥，毛发可能变得稀疏。

（5）情绪变化：如焦虑、抑郁等。

患者的症状如图 9-4 所示。

▶**症状**

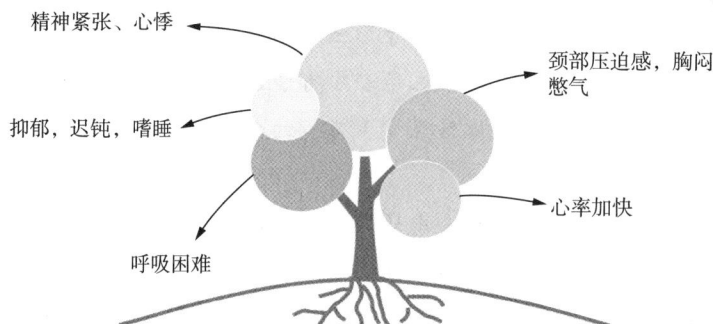

精神紧张、心悸

颈部压迫感，胸闷
憋气

抑郁，迟钝，嗜睡

心率加快

呼吸困难

图 9 - 4　甲状腺弥漫性病变症状

三、运动方案

对于甲状腺弥漫性病变患者，适当运动可以帮助其改善症状并提高生活质量。

1. 散步

散步是一种低强度的有氧运动，适合大多数患者。它可以帮助提高心肺功能，促进血液循环，同时缓解甲状腺功能异常带来的不适。建议每天进行 30 分钟的散步，每周 3～5 次。

2. 瑜伽

瑜伽是一种全身运动，有助于提高身体的柔韧性和平衡性。瑜伽的深呼吸练习还可以帮助减轻压力，改善情绪。建议每周进行 2～3 次瑜伽练习。

3. 游泳

游泳是一种全身运动，对关节的冲击较小，适合有关节疼痛或不适的患者。游泳可以增强心肺功能，提高肌肉力量和耐力。建议每周进行 2～3 次游泳，每次 30～60 分钟。

4. 力量训练

适当的力量训练可以帮助增强肌肉力量，提高新陈代谢率。每周进行 2 次力量训练，每次训练应包括大肌肉群的练习，如腿部、背部和胸部。

四、注意事项

1. 在开始运动计划前，咨询医生或专业医疗人员，确保运动方案的安全性和适当性。

2. 运动过程中关注自己的身体反应，如出现不适，应立即停止运动并寻求医疗帮助。

范例 6　抑郁症

一、病因分析

（一）心理因素

1. 神经质人格特征

倾向于对事件产生过分的消极情绪反应，对拒绝和批评过于敏感，追求完美，常有不安全感。

2. 不合理的认知模式

过度关注自己的缺点，对自己缺乏信心，容易自责和失望。

（二）社会环境因素

遭遇消极的生活压力事件、缺乏社会支持以及家庭内部的压抑氛围，原生家庭的情感缺乏，生活压力过大以及创伤性事件。

二、运动方案

适当的运动不仅有助于改善抑郁症患者的情绪，还能增强身体机能和提高生活质量。以下是个体的运动方案：

1. 跳舞

爵士舞：每周六参加爵士舞课程。跳舞是一种全身运动，能够增强心肺功能，同时释放内啡肽。

2. 跆拳道

跆拳道训练：每周五晚上参加跆拳道训练。跆拳道不仅是一种武术，也是一种精神修炼，有助于增强自信心和提高注意力。

3. 骑自行车

自行车运动：每周至少 2 次，每次骑行 30 分钟。骑自行车是一种有氧运动，有助于提高心肺功能和促进血液循环。

4. 步行

日常步行：每天至少步行 1 小时，每周至少 3 天。步行是一种简单易行的运动方式，适合大多数人群，有助于减轻压力和改善情绪。

范例 7　翼状肩胛

一、病因分析

翼状肩胛是一种较少见的疾病，常导致上肢功能受限或紊乱，影响患者的日常活动，如穿衣、梳头、刷牙等。翼状肩胛的形成原因多样，主要与稳定肩胛骨的肌肉（包括前锯肌、斜方肌、菱形肌）及其支配神经受损有关，导致肌力减弱或麻痹。其中，前锯肌麻痹较为常见；而斜方肌和菱形肌麻痹较为罕见。当上臂运动时，肩胛骨旋转可能导致内缘向后翘起，形成翼状肩胛。

二、运动方案

适度的运动可以帮助改善翼状肩胛的症状。

1. 肩胛骨俯卧撑

（1）目标：3 组，每组重复 10 次。如果标准姿势难以完成，可以选择跪姿进行。

（2）动作要领：食指朝前，手指张开，与肩同宽；保持俯卧撑姿势，肘部伸直；避免塌腰或弓背；绷紧臀肌和腹肌；下降时让肩胛骨相互接触，上升时停顿 3 秒。

2. 滑墙运动

动作要领：吸气，收缩腹部，使下背部靠墙；脚离墙越近，动作难度越大；头部和整个脊椎贴墙；手腕和前臂贴墙，尽可能高地向上移动手臂，同时保持下背部贴墙；手臂下降时，同样保持手腕和下背部靠墙；如果标准姿势难以完成，可以仅用拇指尖触墙，进行相同动作，注意保持头部和下背部贴墙。

范例8 右膝韧带损伤

一、病因分析

右膝韧带损伤伴右股骨下端及胫骨前外侧缘骨髓水肿，右膝关节腔及髌上囊积液，右膝前内侧软组织水肿。

（1）运动时间过长。运动时间过长会使膝关节不断磨损、受力，导致在步行过程中膝关节内侧疼痛，有时还会导致踝关节疼痛。

（2）跑步。跑步时膝关节受力过大且磨损较大，跑步后膝关节内侧持续疼痛。

（3）久站。持续久站导致膝关节受力过大且支撑不足，致使膝关节持续疼痛。久站使膝关节长时间受力，导致膝关节僵硬、疼痛。

二、运动方案

适当的康复运动对于恢复膝关节功能至关重要，以下是一些建议的运动方案。

1. 关节伸屈运动

（1）目的：防止关节粘连，缓解关节粘连症状。

（2）方法：每天进行适当的膝关节伸屈运动，量不宜过大，一天 1～2 次为宜。

2. 靠墙静蹲

（1）目的：促进膝关节功能的恢复。

（2）方法：靠墙进行静蹲运动，注意控制运动强度和时间，避免过度负荷。

3. 膝盖按摩

（1）目的：促进腿部血液循环，减少关节摩擦和粘连。

（2）方法：在韧带受损期间，可以对膝盖部位进行适当按摩。

参 考 文 献

[1] 赵斌 . 体育保健康复指南［M］. 北京：人民卫生出版社，2020.

[2] 刘秉果 . 中国古代体育简史［M］. 北京：中华书局，2010.

[3] 李渤，刘尊 . 运动治疗技术［M］. 北京：中国医药科技出版社，2019.

[4] 龚飞，梁柱平 . 中国体育史简编［M］. 成都：西南交通大学出版社，2010.

[5] 全国卫生专业技术资格考试用书编写专家委员会 . 2019 全国卫生专业技术资格考试指导：康复医学与治疗技术［M］. 北京：人民卫生出版社，2018.

[6] 周多奇 . 体育康复训练概论［M］. 青岛：中国海洋大学出版社，2018.

[7] 赵斌，张钧，刘晓莉 . 体育保健学［M］. 6 版 . 北京：高等教育出版社，2018.

[8] 燕铁斌 . 物理治疗学［M］. 北京：人民卫生出版社，2018.

[9] 苏珊·阿德勒，多米尼克·贝克斯，等 . 实用 PNF 治疗［M］. 4 版 . 北京：华夏出版社，2018.

[10] 徐兴海，胡付照 . 中国饮食思想史［M］. 南京：东南大学出版社，2015.

[11] 刘成，李秀华 . 体质弱势群体体育教程［M］. 广州：中山大学出版社，2007.

[12] 黄希庭，郑涌 . 大学生心理健康教育［M］. 3 版 . 上海：华东师范大学出版社，2020.

[13] 李波 . 高校适应性体育［M］. 南京：南京大学出版社，2019.

[14] 钱菁华 . 运动康复治疗［M］. 北京：北京体育大学出版社，2017.

[15] 季浏 . 体育与健康［M］. 上海：华东师范大学出版社，2004.

[16] 邓玉 . 大学体育与健康教程［M］. 合肥：合肥工业大学出版社，2013.

[17] 尹军，袁守龙 . 身体运动功能训练［M］. 北京：高等教育出版社，2015.

[18] 黄涛 . 运动损伤的治疗与康复［M］. 2 版 . 北京：北京体育大学出版社，2016.

[19] 王安利 . 运动康复技术［M］. 北京：北京体育大学出版社，2016.

［20］利·布兰登.运动损伤解剖学：康复训练［M］.王震宇，司佳卉，译.人民邮电出版社，2017.

［21］王予彬，王惠芳.运动损伤康复治疗学［M］.2版.北京：科学出版社，2019.

［22］生命链急救.运动损伤急救［M］.北京：社会科学文献出版社，2022.

［23］美国运动医学学会.ACSM运动测试与运动处方指南［M］.9版.王正珍，等译.北京：北京体育大学出版社，2015.

［24］国家体育总局健身气功管理中心.健身气功：八段锦［M］.北京：人民体育出版社，2003.

［25］中国营养学会.中国居民膳食营养指南（2016）［M］.北京：人民卫生出版社，2016.

［26］王冰.黄帝内经素问［M］.南宁：广西科学技术出版社，2016.

［27］陶弘景.养性延命录校注［M］.王家葵，校注.北京：中华书局，2014.

［28］马烈光.中医养生学［M］.北京：中国中医药出版社，2012.

［29］雅基·格林·哈斯.舞蹈解剖学［M］.王会儒，译.郑州：河南科学技术出版社，2017.

［30］孙思邈.白话《千金方》［M］.哈尔滨：黑龙江科学技术出版社，2015.

［31］徐海荣.中国饮食史［M］.杭州：杭州出版社，2014.

［32］李凌江，马辛.中国抑郁障碍防治指南［M］.2版.北京：中华医学电子音像出版社，2015.

［33］郝伟，陆林.精神病学［M］.8版，北京：人民卫生出版社，2018.

［34］麦肯基，库贝.麦肯基疗法：7步告别颈椎腰椎烦恼［M］.王小亮，译.北京：金城出版社，2011.

［35］瑞比托.力量训练基础［M］.杨嘉辰，译.北京：北京科学技术出版社，2016.

［36］格里芬.运动处方指南［M］.张冰，王雄，译.3版.北京：人民邮电出版社，2020.

［37］瑞比托，贝克.力量训练计划［M］.王龙飞，译.北京：北京科学技术出版社，2018.